大学生が狙われる50の危険

すぐに役立つ最新対応版

株式会社三菱総合研究所
全国大学生活協同組合連合会
全国大学生協共済生活協同組合連合会

青春新書
PLAYBOOKS

はじめに

大学生になると、高校時代とは全く違った生活が、みなさんを待ち受けています。決まった時間割どおりに授業が進む高校の授業とは違い、大学では自分で授業を選択し、毎日のスケジュールを決めていかなければいけません。また、欠席したとしても、担任の先生がいて連絡してくれるわけでもなく、必ずしも誰かが心配してくれるわけではありません。

大学生活では、自由な行動・時間が増える半面、自分の責任で決めなければならないことが多くなるのです。

その一つに契約があります。これまでは契約をするのに保護者の承認が必要でしたが、これからは自分の意思で契約し、その義務を果たしていく必要があります。しかし、社会的な経験が少ないみなさんにつけ込んで悪質なビジネスを行う業者がいるのも事実です。

契約トラブル以外にも、日常にはさまざまなリスクが潜んでいます。

たとえば、入学式の時期になると毎年のように大学生が急性アルコール中毒になって救急搬送され、ときに命を落とすという悲しいニュースが報道されます。

また、ＳＮＳへの不用意な投稿から炎上し、就職の内定が取り消されたり、アルバイト先から多額の賠償責任が課せられたというニュースも話題になりました。

さらに、人間関係や就職活動でストレスを抱える学生も多く、こころの病気やひきこもりになるケースも少なくありません。

そして近年、大地震や大型の台風、ゲリラ豪雨といった自然災害が多発するなど、自分の力だけではどうしようもないリスクも増えています。

「まさか、自分がそんな事態に遭遇するなんて思ってもみなかった」ことが、大学生活ではみなさんを待ち受けているのです。契約トラブルやSNSのトラブルはもちろん、自然災害であっても自分で考え、自分で判断して対応しなければいけないケースが増えてきます。

そして、ちょっとした知識と心構えを持っているだけで防げたり、被害を最小限に抑えられることも、これらリスクの特徴といえるのです。

そんなみなさんの学生生活を応援するために、本書を作りました。

2017年2月に刊行した『最新情報版　大学生が狙われる50の危険』の内容を見直し、最新データにもとづいて、学生生活に潜む危険を50項目にまとめて紹介しています。

本書を通じて、読者のみなさんが大学生活に潜むリスクを察知し、大きな被害を受けることなく充実した学生生活を送れるよう、執筆者一同心より応援しています。

目　次

すぐに役立つ最新対応版
大学生が狙われる
50の危険

第1章

大学生が狙われる、いまどきの危険

新入生はとくに注意！

第2章

スマホ・ネットに潜む落とし穴

そのワンクリックで被害続出！

第3章

その心のスキが狙われる！
大学生がダマされるさまざまな手口

第5章

起こってからでは遅過ぎる！
自然災害や事故…
大学生が陥りやすい事態

第6章

リスクを避けているだけではいけない！大学生になると変わる立場と責任

巻末付録　大学生協の最新データより

カバー＆本文マンガ◎緒方京子
本文デザイン◎二ノ宮 匡
ＤＴＰ◎エヌケイクルー
スーパーバイザー◎奈良由美子

第1章

新入生はとくに注意！

大学生が狙われる、いまどきの危険

えっと、何番線だったかな
へぇ～、英語でもわかりやすく書いてあるんだ
時間ギリギリかも… まっ 大丈夫か
ZZZ…
タンタンタンタン…
やべ
藤谷翔太《ふじたにしょうた》 青春大学入学
入学オリエンテーションに遅刻しちゃう
急がなくちゃ

シャー
!!
うわ、危ない
ビューッ
まったく
人にぶつかって
ケガでもさせたら、
どうするんだろう、
いったい

えっと、3号館1階104教室って、あっちのほうかな
キョロ…
キョロ…
そ〜〜
おっと、ぎりぎりセーフかな
Excuse me, here is OK?
Yes.
さて、新入生のみなさん、おはようございます
入学オリエンテーション
1.メールアドレスの確認
2.履修について
3.生活上の注意事項
必修以外の授業は自分で選択して、来週中に履修届を提出すること
提出はスマホやパソコンからもできるので、学校から与えられるメールアドレスを確認して、登録し忘れのないように

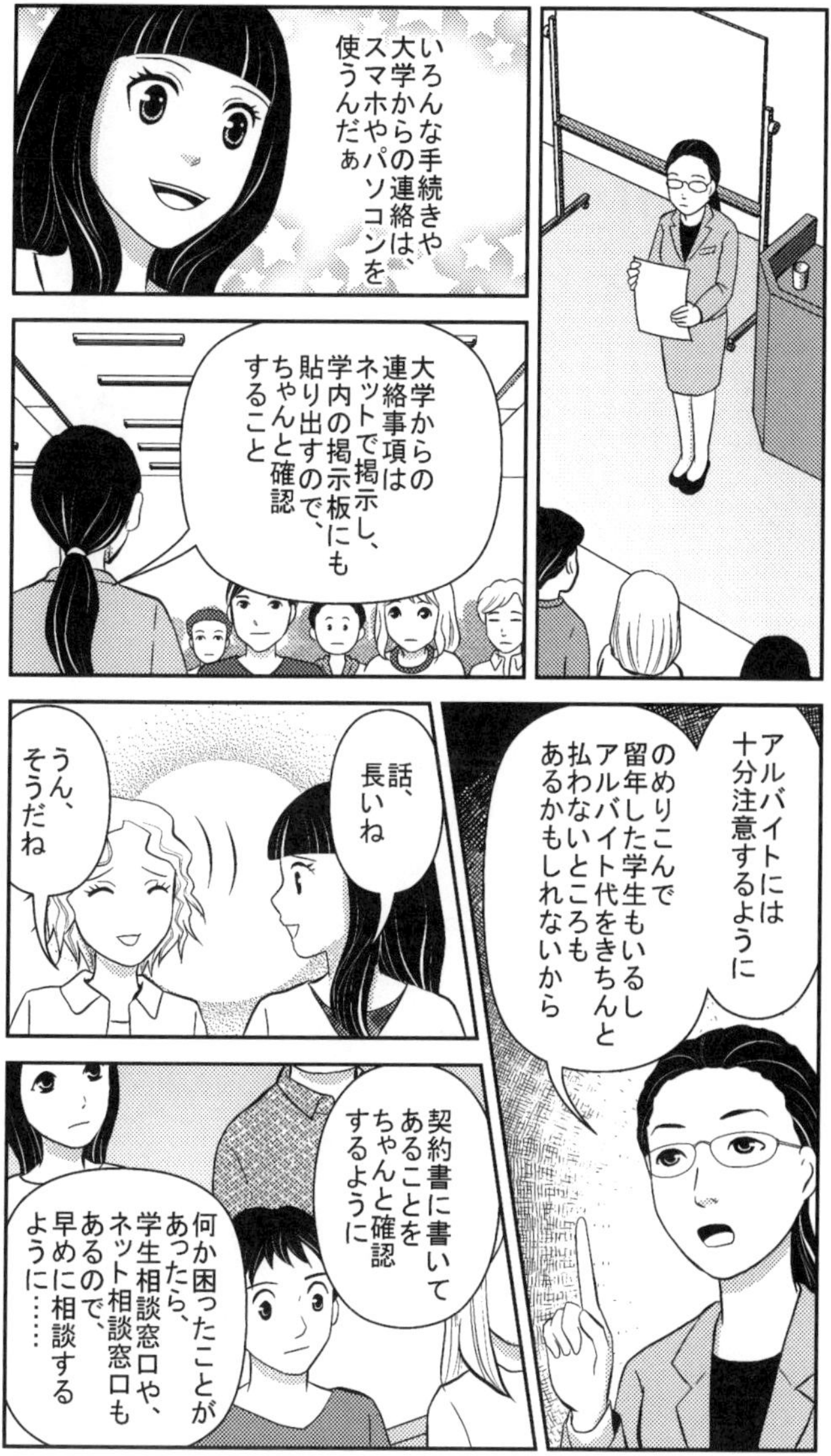
いろんな手続きや大学からの連絡は、スマホやパソコンを使うんだぁ
大学からの連絡事項はネットで掲示し、学内の掲示板にも貼り出すので、ちゃんと確認すること
アルバイトには十分注意するようにのめりこんで留年した学生もいるしアルバイト代をきちんと払わないところもあるかもしれないから
話、長いね
うん、そうだね
契約書に書いてあることをちゃんと確認するように
何か困ったことがあったら、学生相談窓口や、ネット相談窓口もあるので、早めに相談するように……

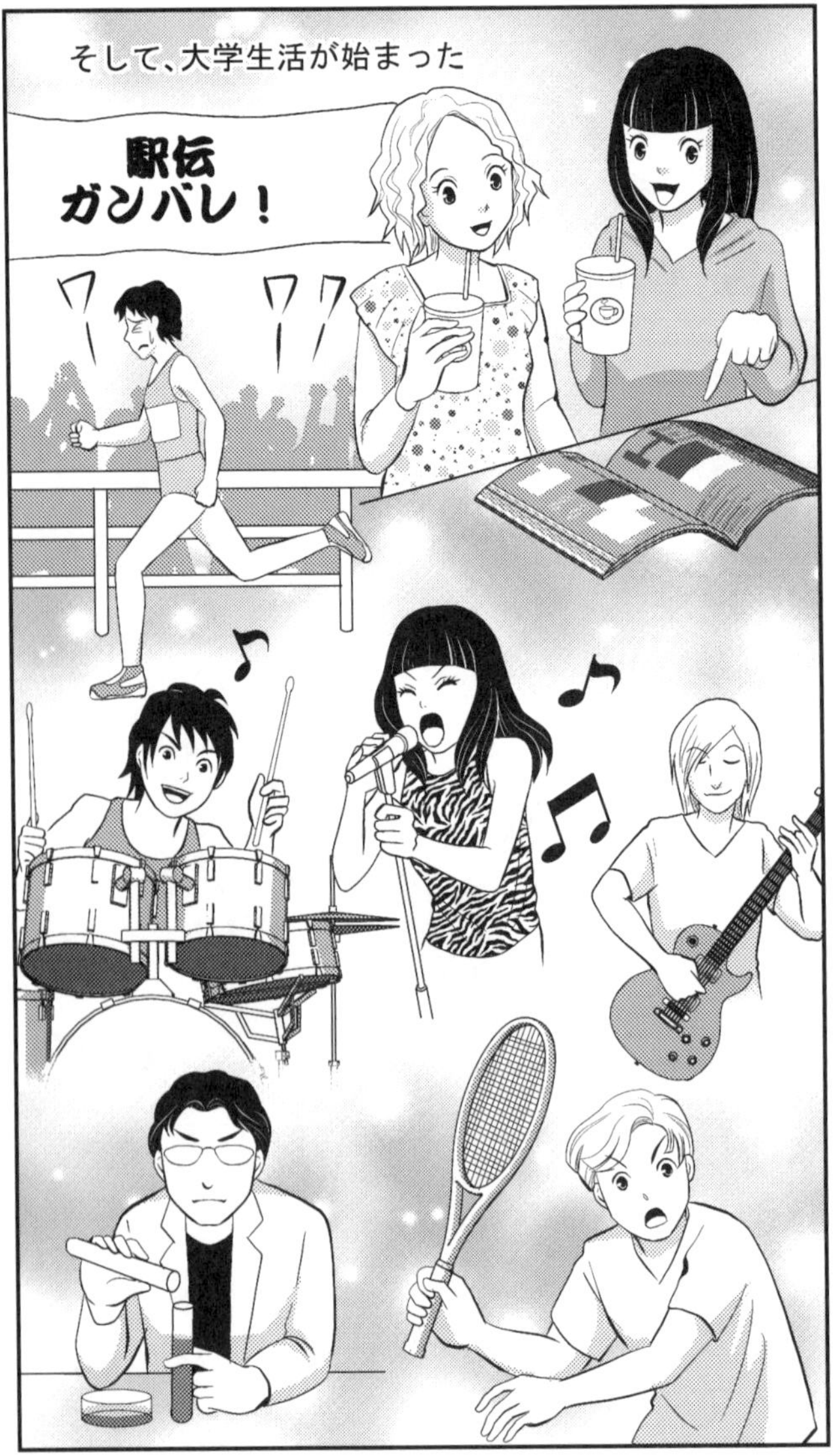
そして、大学生活が始まった
駅伝
ガンバレ！

ザワザワ…
ザワ…
何かあったのか？
停学処分だって……
例の、スマホながら運転で歩行者にぶつかって、大ケガさせた人かな？
文学部3年の学生を停学処分とする。
青春大学学長
川辺　貴彦

01

新入生勧誘に潜む〝罠〟
――サークルやボランティア団体を装って

大学生活を彩《いろど》るものの一つに、クラブやサークル活動があります。所属する学部や学科、学年を超えて新しい出会いが待っています。新入生の入学シーズンは、そんなクラブやサークルにとっても、新しい仲間を集める大切な時期で、キャンパスで活発な勧誘活動が繰り広げられます。

優勝を目指すために新しい力を必要とするクラブもあれば、それらを応援することに青春をかけるクラブ、合唱やオーケストラ、演劇に熱心に取り組むクラブなど、いろいろな団体が新しいメンバーの獲得を目指すのも、この時期ならではです。

学生生活の中で、クラブやサークルでの活動が、かけがえのない思い出や将来につながるエネルギーになっていくのもよくあることです。

でも、それらの中には、勧誘されたときとは話が違い、ひとたび足を踏み入れてしまうとなかなか抜け出せない、怪しい団体も含まれていることに気をつけましょう。

表向きは文化系のサークルを装《よそお》って、いろいろなボランティア活動を実施しているとか、国際交流を推進しているといったり、あるいはスポーツ系のサークルを装って、初めての人でも気軽に始められるとか、いろいろなスポーツを幅広く体験できるとか、本来の活動を隠して、あの手この手で新入生を勧誘しています。しかし、実態としては反社会的な活動を行う団体、教祖の経済的搾取《さくしゅ》のために信者を利用する団体もあるのです。

大学生協の2019年アンケート調査（学生生活実態調査、2019年）では、入学後に遭遇したトラブルの4位が宗教団体からのしつこい勧誘となっています。ちなみに、1位はバイト先での金銭・労働環境トラブル、2位は訪問販売契約によるトラブル、3位はSNSのやりとりでのトラブルです。

悪質な団体に入ってしまうと、次のような危険に遭遇することになります。

●会費と称して高いお金を払わされる
●さまざまな活動への参加を強要され、授業への出席が困難になる
●辞めようと思っても抜け出すことができない

●自らも勧誘活動に手を染め、貴重な友人を失ってしまう

不審に思ったら、まずは断り、友人や両親、大学に相談してみることが重要です。

最近では、多くの大学で注意を喚起《かんき》するネット上でのお知らせやチラシを準備し、オリエンテーションなどで、その危険性を学生に伝えるようにしています。

悪質な団体の中には、大学からの注意が伝わるオリエンテーションの前や、入学手続きの頃から勧誘活動を始めるところもありますので、十分に注意してください。

断る勇気、途中でも抜け出す勇気が必要です。

とはいえ、そう簡単に断れない場合もあるでしょう。友人や親にも相談しにくいときもあるかもしれません。そのようなときは、大学の相談窓口を利用しましょう。

一人で悩んでいても問題は解決しません。ほんのちょっとの勇気で大丈夫。一歩踏み出す努力をしてみてください。それだけで、悩みが解消されることも多いのです。

危険を防ぐポイント

1. 不審に思ったら話は聞かないようにして、とにかく断ろう
2. 入会してしまったら、友人や親に相談しよう
3. 大学の相談窓口などを利用しよう

02 飲酒・アルコール中毒
——急性中毒による命の危険。性的暴行被害のリスクも

お酒は20歳から。

2022年4月から成年年齢が18歳に引き下げられますが、飲酒は喫煙、ギャンブルとともに、20歳未満は禁止されたままです。

大学生になると、新入生歓迎会、いわゆる新歓コンパ、合コンなど、お酒が出る場に参加する機会が増えることでしょう。でも、20歳未満なら、勧められても断る勇気を持ちましょう。20歳未満の人にお酒を勧めることもいけません。

4月のキャンパスでは、クラブやサークルの新入生勧誘活動がにぎやかに繰り広げられ、キャンパス周辺の駅前繁華街では新歓コンパが花盛りになります。

先輩たちは、当たり前のように新入生たちにお酒を勧めてきます。

新入生は、大学に入学したという解放感から、少しぐらいはハメを外してもいいかなと

いう気持ちになりがちです。初めは「1杯だけ」と思っていても、みんなの手拍子や「イッキ」コールに乗せられ、気がつくと自分でもコントロールできない状態になってしまうものです。

怖いのは急性アルコール中毒です。毎年、大学生がコンパで急性アルコール中毒になり、救急車で搬送されたり、最悪の場合は命を失ってしまうといった悲しい事件が報道されます。

お酒を飲めば血中のアルコール濃度が高くなり、ふらついたり、吐き気がしたりして、飲み過ぎに気がつくのですが、そうした症状はしばらく時間がたってから表れてくるのです。そのため、イッキ飲みを重ねると、飲み過ぎの自覚がないままに大量のアルコールを摂取し、中毒になってしまいます。

急性アルコール中毒になると、アルコールの作用が呼吸や心臓の働きを制御する脳幹部にまで到達し、最後には呼吸や心拍を停止させて死に至る場合もあります。

万が一、友人が急性アルコール中毒になった場合は、すぐに救急車を呼びましょう。救急車が到着するまでの間は、呼吸を確保し、体温を維持する必要があります。コートや毛布をかけたりしましょう。

また、食べ物を吐いて、それがのどに詰まって窒息してしまうことがあるので、仰向《あおむ》けに寝かせないようにするなど注意してください。

酔いつぶれている人がいたら気を配ってあげてください。たとえ、あなたが20歳以上であっても、アルコールは適量にとどめること、後輩に無理に勧めないことが重要です。

先輩からお酒を勧められたら断りづらい……。そんな状況もあるかもしれませんが、命を落としてしまったら取り返しがつきません。

未成年であれば、お酒を飲まない、周りからも勧めないというのは大前提ですが、もし、しつこくお酒を勧められた場合は、「体質が合わないので飲めない」などの理由で断りましょう。


アルコールで相手を酔わせたうえで、性的暴行を加える事件が報道されることもあります。お酒に睡眠導入剤を溶かして飲ませ、眠らせてから暴行するといった卑劣な手口も耳にします。

お酒には十分注意するように心がけましょう。せっかく大学生になったのに、全てを失ったり、心や身体に深い傷を負ってしまう危険性があるのです。

危険を防ぐポイント

1. 無理にお酒を勧められたら「体質に合わない」という理由で断ろう
2. 他人に無理に勧めない。20歳未満の人には絶対に勧めない
3. 「これくらいなら」という油断が取り返しのつかない事態を招く!

03 SNSと炎上
——軽はずみな投稿が人生を狂わす

SNSを利用して友だちと交流することはずいぶん一般的になりました。大学生のみなさんも、高校生の頃から（もしかすると、もっと前から）SNSのサイトやアプリを利用してきたのではないかと思います。

一方で、SNSで自分がやった不謹慎な行為の写真を載せたり、本来載せてはいけない情報を公開したりして炎上するということも頻発しています。

とくに多いのが、大学生がアルバイト中のことを書いて炎上するケースです。友人に伝えるつもりで書いたものが、一般の人の目にも触れることで問題になります。具体例としては、飲食店で冷蔵庫や洗い場など衛生管理が求められるところに土足で入る、食材で遊ぶといった行為や、有名人が来たことを書く、などがありました。

インターネットは世界に開かれた場所だということを理解して、人前で大声で公言しても問題ないと思えることだけを書くように心がけることが第一です。

あなたは友人にだけ話すつもりで書いているのかもしれませんが、ＳＮＳの公開設定を友人のみにしていたとしても、友人が勝手に共有したりして広まってしまうことがあります。そして、他人のアラ探しをしたり、攻撃するための話題を探すのを趣味にしている人がいるということを知っておいてください。

アルバイト先のことで炎上し、その店が営業停止になった期間の売り上げについて損害賠償を求められた事例もあります。また、炎上を理由に就職の内定が取り消された事例も。軽い気持ちでやったことが後々まで響くということを肝に銘じておきましょう。

なお、炎上には、自分の考えや感じたことを書いた内容への批判から始まるものもあります。このような場合は、反射的に反論するのではなく、まず自分が書いたものが社会的に受け入れられる意見なのかどうか、冷静に考えてみることが必要です。

相手がどういう意図で批判しているのかを、落ち着いて考えるのです。

自分にはなんということもない話題であっても、相手にとってはとても重要な問題かもしれません。あるいはただ悪意で批判したいだけなのかもしれません。自分に非があるならば謝罪したほうがいいでしょうし、そうでなければ無視して議論を流せばいいでしょう。

多くの大学では、インターネットとの付き合い方、ＳＮＳの使い方について、ガイドラインやお知らせなどの形で公開しています。自分の大学のホームページを確認してみましょう。場合によってはほかの大学に参考になるものが公開されている場合もあります。これらを参考にしながら、ＳＮＳの適切な使い方を身につけていくとよいでしょう。

危険を防ぐポイント

1. インターネット上に情報を載せるときは、誰に見られても大丈夫なことを書くようにしよう
2. 炎上したとき、自分に非があると思った場合は、素直に謝罪して削除しよう

04

ブラックバイト
――生活費を稼ぐつもりがトラブルの種に

大学生になると、多くの人がアルバイトをします。もちろん高校生の頃からアルバイトを経験している人もいることでしょう。

大学生協のアンケート調査（学生生活実態調査、２０１９年）では、アルバイトをしている人は約75・8％、アルバイトでの平均収入はここ数年連続して増加しています。

アルバイトをする理由はさまざまで、旅行やレジャーの費用、クラブ・サークル費用、衣類やバッグの購入費用などが挙げられていますが、いずれも割合は減少していて、生活費の維持といった理由が上昇しています。

みなさんはアルバイトをしますか？　何のためにアルバイトをしますか？

大学生活の中でアルバイトが占める時間は意外に長く、みなさんに多くの影響を与えるものとなります。

アルバイトが、自分の夢や将来の姿を思い描くきっかけになるかもしれません。アルバイト先での出会いが、大学生活の中でより幅広い人間関係を作り出してくれることもあるでしょう。

ただし、まだ社会経験が未熟な大学生という弱い立場につけ込んで、無理を強いるようなアルバイトも、少なからずあるということに注意が必要です。

例えば「小売店のアルバイトで残り物を無理やり買わされた」「給料が現物支給になった」「シフトを強引に入れられて大学に行く時間がなくなった」「学習塾のアルバイトで、実際の授業以外の準備や片付けにたくさん時間がかかるのに、その時間は無給だった」など、いろいろな事例が報告されています。

また、アルバイトの募集を装って登録料を支払わせ、実際には仕事を紹介せずに登録料をダマし取るケースや、個人情報を悪用するケースもあるので注意が必要です。

いわゆるブラックバイトと呼ばれるものに自分がはまってしまって抜けられなくなったり、おかしいと思ったら、一人で悩まずに、友人や両親に相談しましょう。大学にも相談窓口があります。

一人では勇気が出なくても、いろいろな人の力を借りてその場から抜け出すこと、場合によっては受けた不利益を、訴訟などを通じて適切に賠償させることも必要かもしれません。

アルバイトも仕事です。雇用主との契約関係のうえに成り立つものです。雇用契約書にしっかり目を通し、書いてある内容を理解することが大切です。

わからないことをあやふやなままで始めてしまうと、あとでひどいトラブルに巻き込まれることになるかもしれません。

トラブルを避けるため、アルバイトの契約をする際には雇用主と次の点をしっかり確認しましょう。

●始業・終業時刻や休憩時間、休日の取り扱い
●賃金の支払い方法、金額、算定方法
●仕事の内容や働く場所、服装など

大学にはアルバイトに関する紹介窓口や、トラブル時の連絡・相談先が設置されている

ものです。アルバイトを始める前にいろいろ確認したり、始めてからでもわからないことがあったり、トラブルに巻き込まれたら相談をするなど、それらを積極的に利用しましょう。

危険を防ぐポイント

1. アルバイトをするときは、仕事内容や条件を契約書でしっかり確認しよう
2. 厚生労働省のホームページでアルバイトの労働条件を見てみよう
3. 不安を感じたり、辞められなくなって困ったときは、友人や親、大学などに相談しよう
4. ハローワークや労働基準監督署に相談したり、夜間・休日も受け付ける労働条件ホットラインも利用してみよう

05

多発する自然災害
——災害はある日突然やってくる

大災害といわれて、多くの人が思い浮かべるのは、地震と津波です。

２０１１年の東日本大震災では、東日本の広い範囲で強い揺れと巨大な津波が起き、多くの命が失われたばかりでなく、多数の人が長期間にわたる避難生活・仮設住宅での生活を強《し》いられました。東北地方では、過去の津波災害を踏まえた備えを行うなど、決して津波の怖さを忘れていたわけではなかったにもかかわらず、過去に例がないほどの大きな地震と津波だったため、大きな被害が発生したのです。

また、１９９５年の阪神・淡路大震災では、多くの木造家屋が倒壊し、火災で家々が焼け尽くされました。この当時、「関西には大地震はこない」といったイメージもあり、忘れるどころか、「起きるはずがない」と思われていた地域で現実に大地震が起きたのです。大都市で発生した多数の建物の倒壊、町中の大火災は、１９２３年の関東大震災を思い起こさせました。

２００４年の中越地震、16年の熊本地震、18年の北海道胆振《いぶり》東部地震、大阪北部地震では国内で最も強い「震度７」の揺れが発生しています。「震度７」までには至らずとも、大きな被害をもたらした地震が日本中で発生していることはご存じでしょう。

大地震だけでなく、台風や大雨による災害も深刻です。

地球温暖化の影響からか、近年は非常に強い勢力の台風が上陸したり、長時間の大雨、また突然のゲリラ豪雨による被害が相次いでいます。

大雨による被害はこのところ毎年のように発生しており、２０１７年７月の「九州北部豪雨」や18年７月の「西日本豪雨」では大雨が長時間続き、洪水や土砂崩れなどによって、多くの方が命を落としました。19年の台風19号でも大雨による洪水被害が多数発生し、首都圏でも多摩川などで浸水被害が発生しています。

強風の被害も深刻で、２０１８年の台風21号は25年ぶりに「非常に強い」勢力のまま上陸し、強風に流されたタンカーが関西国際空港の連絡橋《きょう》に衝突したほか、電車が止まって多くの人が帰宅できなくなったり、屋根やベランダから落ちて亡くなった人がいました。

19年の台風15号でも、千葉県では送電塔・電柱が倒壊して大規模な停電が起こったほか、多数の建物の屋根を吹き飛ばすといった大きな被害をもたらしています。

火山の噴火は、火山の近くに住んでいない人はあまり意識しないかもしれません。しかし、日本の面積は世界の0・28％でしかないのに、世界の約7％にあたる111の活火山があります。活火山とは噴火する可能性がある火山です。

2014年9月、長野県と岐阜県の県境にまたがる御岳山《おんたけさん》で、多くの登山者が頂上に到着して昼食を取ろうというタイミングで噴火が起き、多数の命が奪われたり、大ケガをする大惨事となりました。御岳山も活火山ですが、直前まで噴火する気配はなかったともいわれています。

火山灰や泥流《でいりゅう》にも注意が必要です。もし富士山が噴火すると、横浜や東京にも火山灰が降るといわれています。

このように、日本はいつ、どこで災害に見舞われるかわからない国である、ということを肝に銘じておいてください。そして、万が一、災害に遭うようなことがあれば、何より先に「命を守る行動」を取ることを心がけましょう。

もし地震が起きたら、頭を守りながら、上から落ちてくるものがないか、近くのブロック塀や崩れそうな斜面がないかに気をつける必要があります。

また、海岸付近にいたら、津波を避けるために全速力で高い場所を目指しましょう。近くに高い場所がなければ、とにかく海岸や河川からいち早く遠くに離れてください。

水害や火山災害に対しては、どの地点が危険か、ハザードマップで確認することができます。自宅や学校、日頃よく行く場所が浸水しやすい場所かどうか、火山噴火の際に被害が発生するかもしれない場所かどうか、事前にしっかり確認しておきましょう。


そして、多くの命を奪うような大災害ばかりではありません。

近年、夏は猛暑による熱中症で、また冬には大雪や吹雪に巻き込まれて命を落とす方があとを絶ちません。

普段の生活はもとより、サークルやクラブ活動、あるいはレジャーなどで出かける際には、天気予報や現地の情報などをよく確認して、「無理をしない」行動を心がけたいものです。

みなさん一人ひとりが被災者にならないよう、注意するようにしましょう。

危険を防ぐポイント

1. 地震で倒壊しそうな建物や設備にはなるべく近づかないようにしよう
2. 大雨の場合は浸水しそうな低い場所や、河川・水路、水田の近くには近づかないようにしよう
3. 大雨が続いたときは、がけ崩れ・土砂崩れが心配な場所には近づかないようにしよう
4. 噴火警戒レベルが上がっている火山周辺にいるときは噴火時の避難行動を確認しよう
5. 酷暑、厳寒、強風など、極端な天気のときは、できるだけ外に出ないようにしよう

06

自転車事故
——万が一のときには多額の賠償責任も

自転車の「運転」はできますか?

もちろん乗れますよ、と答えたあなた。それは大きな勘違いです。

自転車とは、免許が必要なくても「車両」であり、利用者には歩行者の安全を最優先する義務があります。自動車やオートバイであれば当たり前の「車両は車道を走行する」というルール、それも「車道の左側を走行」すること、そして夜間はライトをつけなければならないことも、自転車に当てはまります。もちろん、お酒を飲んでいれば「飲酒運転」になり、捕まってしまいます。

こうしたルールを守り、歩道を走行したり、横断歩道を利用する場合も、「歩行者を優先」することが自転車を「運転」するということです。できているでしょうか?

自転車で歩行者やほかの自転車に衝突し、相手にケガをさせたり、死亡させた事例もあります。2017年、右手に飲み物、左手にスマホ、左耳にイヤホン、しかも自転車は電動アシスト車で、歩行者にぶつかり、その歩行者は命を落としてしまいました（裁判では禁固2年の有罪判決）。スマホを操作しながら自転車に乗っていれば、周囲への注意も不十分になってしまうでしょう（ヘッドフォンをしながらの走行も、各都道府県の条例で禁止されている場合があり、処罰されます）。

加害者にならないことはもちろんですが、相手が自動車やオートバイなら、こちらも大ケガをするか、悪くすると命を落とすことにもつながりかねません。自転車は便利な乗り物ですが、自分のことを守るためにも、より慎重な運転が求められることを十分に自覚しておきましょう。

近年の損害賠償額を考えると、自転車に乗る際には個人賠償責任保険に入ることが重要です。被害者への救済、加害者になった場合の経済的負担を軽減するため、自転車を利用するすべての人に、個人賠償責任保険への加入を義務化する自治体も増えています。

危険を防ぐポイント

1. 自転車は「車両」。歩行者を守る義務があり、不注意で事故を起こせば「自分の責任」。酒気帯びや「ながらスマホ」での運転は法律違反

2. 万が一に備えて、賠償責任保険などに加入しよう

07

18歳からの責任
——できることが増える分、リスクも増える

もう選挙に参加して投票しましたか？　すでに公職選挙法が改正され、大学生は基本的に全員が選挙に参加できることになっています。

ただし、選挙にはいろいろなルールがあります。例えばポスターの数、街頭演説をしていい時間帯、あるいはインターネットの利用方法などには、公職選挙法でしっかりルールが定められています。

選挙運動なんて選挙に立候補する人の話で、自分には関係ないと思うかもしれません。でも、一般の人が立候補者を応援する活動も選挙運動になります。あなたが選挙期間中に、SNSや電子メールで選挙に関することを書くときは気をつけなければいけません。

ウェブサイトやSNSで候補者を応援することはできますが、電子メールを使って応援することは禁止されています。もちろん候補者に対する悪質な誹《ひ》謗《ぼう》中《ちゅう》傷《しょう》や、他人になりすましての応援なども違法行為となります。

法律の言葉でいう「成年年齢」が2022年4月から18歳に引き下げられます。これまでは20歳未満が未成年とされてきましたが、これからは18歳未満が未成年となります。大学生のみなさんは、基本的に全員未成年ではないということになります。

だからといって、これまで20歳以上だったらできたことすべてが18歳になったらできるようになるわけではありません。お酒、たばこ、ギャンブルなどは禁止されています。こういったことは高校時代に教わっているかと思いますが、大学生になったら、改めて18歳になったらできること、20歳になるまでできないことを確認しましょう。

18歳になったら、一人前の大人として、一人で責任を持って契約行為ができるようになります。これまでは親の同意が必要だったり、親の同意なしの契約は、未成年であれば原則的に解除することができました。でも、これからは違います。

自分の責任で、スマホを買ったり、ネット回線の契約をしたり、クレジットカードを作ったり、ローンを組んで高額商品を購入することも基本的にはできるようになります（ただし、支払い能力や返済能力の審査を受け、できない場合もあります）。

そこにつけ込んでくる悪質な業者がいることも事実です。自分の責任で自由にできることが増える分、そこに潜むリスクに遭遇する可能性も高くなります。

契約するときには契約書に書かれている内容をきちんと理解して契約するなど、業者の甘い言葉に乗ってあとでひどい目に遭わないように気をつけるようにしましょう。

危険を防ぐポイント

1. 18歳から選挙権を持つことの意義を自覚し、そのうえでSNSやメールで選挙に関する情報を書くときは注意しよう
2. 18歳になったら自分の責任でできることが増えるので、その裏に潜むリスクについてもしっかり考え、確認しよう
3. 世の中にはおいしい話はないと考え、業者の甘い言葉に踊らされないようにしよう

第2章

そのワンクリックで被害続出！

スマホ・ネットに潜む落とし穴

これスゲー
だろー
いやー、この動画面白いな
なんかどんどん見ちゃうよ
ピコ
あ、またA君からURL送られてきた
しかし、このところ飲み会とかも多くて、今月お金使い過ぎてるなー
付き合いって大変だよ

バイトもやらないと
はぁーっ
藤谷
携帯電話料金
請求書
58,232円
げ、なんだこの値段
あ、動画見過ぎたせいか……

いやー、携帯電話の料金が鬼やばかったわ
動画の見過ぎで
家にWiFiをつなげておけばよかったのに
夏休みがっつりバイトしてその給料で払うか
まあご愁傷様
飲み会続きでお金なくて、今は払えないいんだよなー

やった！
1ヶ月後
そういや翔太
携帯の料金払ったの？
やっとバイト代たまったんだけどさ、欲しいものがあって
もう1ヶ月くらい延ばしてもいいかなと

おいおい
携帯電話料金滞納してるのか？
その端末、もしかして分割で買ってる？
あ、先輩
ええ、ちょっと使い過ぎちゃって
もちろん分割ですよ
悪いこと言わないから、すぐに払ってこい
携帯電話料金の滞納をしてると、*ブラックリスト入りして、社会人になって車とかローンで買えなくなるぞ
ローン
申し訳ございません
そんな
ブラックリスト
藤谷翔太
えっ!?
もう2ヶ月滞納してるんですけど……

＊個人の顧客情報（信用情報）に滞納情報等が登録されることを、ブラックリスト入りする、またはブラックリストに載ると表現しています。

ダダ…
ありがとうございました
3ヶ月滞納してたらブラックリストに載ってたのか
ブラックリスト
藤谷翔太
危なかった……

08

ネット上のプライバシー
――個人の特定は現実世界よりも簡単という事実

あなたは、インターネット上では匿名《とくめい》で何かができると思っていますか？　実は、インターネット上での行為は、現実（リアル）社会よりも個人の特定が簡単です。なぜなら、情報を掲載する際には必ずインターネット接続会社や携帯電話会社のネットワークを通じて情報が送られますし、ＳＮＳや掲示板などではログ（過去のやりとりの記録）が保管されているからです。

犯罪行為が行われている場合には、事業者がログを警察に開示し、そこから逮捕につながります。インターネット上での爆破予告などで犯人が逮捕されるのはそのためです。また、あるインターネット上の掲示板サイトで、運営会社のセキュリティの甘さから利用者のログが漏洩した例がありました。その時には、匿名で他人を中傷していた人の氏名・住所などが公開され、逆にその人たちが非難されることになったということもあります。

ＳＮＳのアカウントに名前を登録していなかったとしても、例えばスマートフォンで撮った写真にはＧＰＳ情報（位置情報）が埋め込まれていることがありますので、それで場所を特定することができます。天気などの話から地域を特定することも可能です。よくやりとりをしている友人のアカウントに本名・学校名が登録されていて、そこから学校名などを特定されることもあります。

ほかにも、よくやりとりをしている友人のアカウントに学校の情報などがあって、そこからあなたが同じ学校に通っていることが推測できたりします。

このようなやり方の組み合わせでかなりの確率で個人が特定できてしまうのです。

ただし、このような特定を誰もができるわけではありませんし、その人たちも全ての人を対象にするほどの時間はありませんから、炎上するような不謹慎な行為をした人を狙うことが多いのです。

私たちはまず、いくら名前を隠しても、ネット上では匿名ではいられないものだと心得ることが重要です。

そして、あなたが人前で自分の名前を出して実行できないこと、あるいは発言できないことは、ネット上でもやらないことが大切です。

匿名だから何をしても問題ない、という考えが、大きな問題を引き起こすのです。

危険を防ぐポイント

1. インターネット上では、誰もが匿名ではないことを理解したうえで利用する
2. 人の中傷や人格攻撃など、自分の名前を出してできない発言はしない

09

データの盗用・ねつ造
――"できごころ"が引き起こす高い代償

データの盗用・ねつ造は、産業界・大学を問わず、さまざまな分野で問題になっています。自分が導きたい結論に都合のいいようにデータをねつ造する人や、ひどい場合には第三者の研究成果をそのまま自分の成果としてしまう事例もあり、関係者が自殺した事件が報道されたりもしました。

大学でも先輩から、他人のレポートをコピーしたり、都合のいいようにデータを作ればレポートなんてすぐ書けるよ、といわれることがあるかもしれません。

最近では、インターネットを使って誰でも簡単にあらゆる情報にアクセスすることができますし、検索エンジンで手軽に調べることもできます。

そして、インターネットの情報は、たとえ膨大な量であっても簡単にコピーできますので、論文やレポートをウィキペディアなどからコピー&ペーストして作成する学生も目立ちます。

しかし、データの盗用は、ルール違反というだけでなく、著作権の侵害であることを認識しなければなりません。違法行為なのです。さらに大学では対策として、類似レポートやインターネットの情報をそのまま利用しているものを抽出するプログラムもありますので、問答無用で「不可」をつけられることにもつながります。

また、データのねつ造を一度でもしてしまうと、そのことを知った周囲の人々、とくに先生からの評価は著しく低下することになります。データのねつ造を行った論文などが外部に向けて公表された場合には、研究室や大学全体の社会的な信用を失うことになり、あなた自身が研究者になる道を絶たれることにもつながります。

なお、データをコピー&ペーストすることは、常に駄目なわけではありません。著作権法で定められた引用のルールに従えば利用可能です。自分の将来を明るいものにするためにも、ルールを守って文章を書くようにしましょう。

危険を防ぐポイント

1. ウィキペディアなどのコピーでレポートを作ってはいけない
2. ほかのデータの盗用やねつ造は、あなたの社会的信用、そして将来をも傷つけてしまうことを知る

10 ストーカー
——SNSの投稿が命取りになることも

ストーカー行為とは、別れ話がもつれたり、一方的な思いを拒否された際に、相手の異性につきまとい、待ち伏せをしたり、無言電話を何回もかけたりする行為です。ひどいときには脅迫や殺人に進展するような場合もあります。

2000年に施行（2013年に一部改正）された「ストーカー行為等の規制等に関する法律」では、ストーカー行為として具体的に次のようなものを対象としており、このような行為は、法律で罰せられます。

●つきまとい、待ち伏せし、進路に立ちふさがり、住居などを見張り、押しかける
●行動を監視する、あるいはそのように思わせる
●面会、交際そのほかの義務のない行為を要求する
●著しく粗野または乱暴な言動をする
●無言電話やファクス、電子メールの送信を、拒まれても何度も連続して行う

●汚物や動物の死体など、著しく不快または嫌悪の情を感じさせるものを送りつける
●被害者の名誉を傷つける事項を告げ、またはその知り得る状態に置く
●性的羞恥心《しゅうちしん》を害する文書、図画などを送りつける

大学生協のアンケート調査（学生生活実態調査、2019年）では、入学後に遭遇したトラブルで、ストーカー被害に関して全回答者の1・0％（男子は0・3％だが、女子では1・8％）が遭遇したと答えており、全国の大学生の約3万人が遭遇した割合になります。

大学生がストーカー行為を行い、相手女性を殺害しようとした事件もありました。このように、ストーカーが殺人事件といった凶悪犯罪に進展するケースも報道されています。

まず、予防対策として、カーテンや表札などの外から見えるもので女性の一人暮らしだとわからないようにしましょう。夜に一人でコンビニへ行くことは控え、お弁当を買うときにも一人だとわからないような工夫をしましょう。名前や電話番号などの個人情報が含まれる郵便物は、細かく切ってゴミに出すことも大切です。

最近では、インターネット上での行動を通じて特定されることもよくあります。

大学生のみなさんはSNSを普通に利用していると思いますが、自分が特定される情報

を書いてはいないでしょうか？　アップロードした自宅近くの写真にGPS情報がついていたり、SNSで自宅付近のお店やレストランでよくチェックインしていたりしたら、あなた自身が情報を出しているのと同じです。

食事の写真をアップロードする人はたくさんいますが、写真を撮ってすぐにアップロードしていたら、それはその時間にその場所にいるということを公開しているわけです。データを集めれば、あなたの行動パターンもわかってしまいます。

自分が誰に対して、どのような情報を出しているのかをきちんと理解しておく必要があります。写真に写り込んでいた自動車のバックミラーに番地の情報が映っていて特定されたとか、写真に写っている人の瞳に撮影者が映っていて個人が特定されたという例もあります。

自分が使っているスマートフォンや、SNSの設定をきちんと確認しておきましょう。そして、友人ともそのことを共有しておき、友人が危険に陥るのを防ぐとともに、友人から自分の情報が漏れるのも防ぐようにしたいものです。

ストーカーを行う人は、もともと親しい関係だったりすることもあります。被害に遭わないためには、時間をかけて、相手をよく知ったうえで付き合うことも必要です。SNS

で簡単に相手のことを信用し、関係を深めたことにより被害に遭うこともあります。

また、被害を大きくしないために、ストーカーをされていると感じたら、警察に相談するなどして早めに対応策を取りましょう。相手に対しては、中途半端な拒否や態度は禁物です。変な期待を抱かせないよう、明確に断るようにしてください。

それでも相手がつきまとい行為を継続する場合は、その記録を残しておきましょう。中傷ビラやネットへの書き込みがあったら保存し、電話やメールはかかってきた（届いた）日時や内容を記録して、最寄りの警察に相談します。

外出時には防犯ブザーを携帯しましょう。そして、万が一の緊急時には、ためらわずに交番やコンビニに駆け込んで助けを求めることが重要です。

危険を防ぐポイント

1. 他人から女性の一人暮らしだとわからないようにしよう
2. SNSなどにアップされた情報から自宅が特定されることがあるので注意
3. ストーカー被害に巻き込まれないよう、付き合う前に時間をかけて相手のことを知ろう
4. 警察に早めに相談し、万が一のときには、すぐに周りに助けを求めよう

11 ネット詐欺

――つい乗せられてしまう巧妙な誘い文句に要注意！

インターネット上には重要な情報、有益な情報がいっぱいあります。しかし情報を掲載することは誰でもできるので、間違った情報や、あなたをダマそうとしている情報も多くあります。

大学生が引っかかりやすいものとして就活詐欺があります。

例えば、就活を有利にするために、セミナーなどに参加することを勧めるSNSの情報を見て無料のセミナーに参加してみると、そこで有料のセミナーに誘われることがあります。

就活詐欺のバリエーションはさまざまあって、就活では見た目が重要だからとエステの勧誘につなげたり、企業の面接対策、筆記試験対策の講座や、自己啓発セミナーにつなげたり、もしくは有名企業の社員とのネットワークを作る場に案内したりというものがあります。

実際に就活に役に立つケースもないわけではないようですが、たいていの場合、そんなにお金をかけなくても手に入る情報や、会社の説明会に行けば手に入るような情報でしかないものも少なくないようです。

また、有名企業の社員とのネットワークを作るというものの中には、就職に有利になるから性的な関係を……と社員が求めてきたというケースもあり、実際に逮捕事例も出ています。有名企業・大企業であればあるほど、そのようなことはできないようになっていますので気をつけてください。

ほかにも、投資詐欺、起業詐欺が多く見受けられます。投資をしてお金を稼いで自立してはどうか、と勧めてきたりとか、起業の仕方を教えますと勧めてきたりするものです。高額な商品ではあるが、その商品の数倍・数十倍に相当する利益を得られるから頑張りましょう、などといってくるわけですが、実際にうまくいったケースはあまり聞いたことがありません。もちろん詐欺ではないものもあるのですが、慎重に見極める必要はあるでしょう。

また、「サクラサイト」「サクラメール」と呼ばれる詐欺もあります。

これは、突然あなたのメールアドレスにタレントやタレントのマネージャーを名乗る人から、秘密で相談に乗ってもらえませんか、というメールが届くものです。そして、タレントの情報漏れを防ぐため、特別なサイトで情報交換をしませんか、と巧みに誘ってきます。

SNSなどであなたがファンだと公言しているタレントの関係者から連絡が来るうえ、ネットで公開されているタレントのスケジュールに合わせて連絡が来るので、もしかしたら本物かもしれない、と思わせるのです。

相手がタレント本人であるということはないのですが、ついダマされてしまい、この特別なサイトでメールを交換してしまう人が続出しています。このようなサイトは登録は無料ですが、メッセージ交換は有料という場合が多く、そのため登録だけはしてもいいかなと思ってしまう人が多いようです。

インターネット上には現実にはないうまい話がある、裏技があると思ってしまう人がなぜか多いのですが、基本的にそんな都合のいい話はありえない、ということを覚えておいてください。

口コミで信頼できると書いてあったとしても、その口コミすらも悪質サイトがばらまいている情報かもしれないのがインターネットの世界なのです。

最近では、インターネット上の情報から詐欺に巻き込まれるケースが増えています。突然知らない人から来たメール、友人（もしくは友人を装った人）からSNSに来たメッセージをきっかけに詐欺に遭うという事例です。

さらには、大学生のみなさん自身が、結果的にこれらのサクラをやるというアルバイト募集を見かけることがあるかもしれません。しかし、高額なアルバイト代につられて手を染めるようなことは決してしないでください。アルバイトであっても詐欺容疑、組織犯罪処罰法容疑（組織的詐欺）で逮捕された事例があります。

危険を防ぐポイント

1. インターネット上には、ウソや詐欺の情報が数多く存在するので、甘い話を決して信じてはいけない
2. 身に覚えのないメールは無視する
3. 高額なアルバイト代につられて、自らネット詐欺を手助けするような行動を取らない

12 フィッシング・マルウェア
——有名企業のなりすましにダマされないために

あなたは、いろいろなネットサービスの会員になっていると思います。銀行のカードやクレジットカードのネット決済はもちろん、インターネットショッピングとか、フリマアプリを利用して自分のものを販売したりしているかもしれません。

ある日、あなたが利用している会社や、あなたの大学から、

「お客様の会員番号の有効期限が近づいています」
「単位履修《りしゅう》のためのお知らせ」

といったメールが届いたとしたら、信じてしまう人も多いのではないでしょうか。

そして、案内に従ってインターネット上のページを開いて、本物の会社や大学と同じホームページがあったとしたら、いつもと同じように会員番号やパスワードを入力してし

まうのではないでしょうか。もしくは、このアプリを登録することで履修登録ができますという連絡が来たらダウンロードしてしまうのではないでしょうか。

実はこうしたホームページが、銀行のカードやクレジットカード、そのほかあらゆるサービスの会員番号やパスワードをダマし取る「偽のサイト」であったりします。あるいは、送られてきたアプリがあなたの端末から情報を抜き取ったり、あなたの端末を使えなくしたりするものである場合も少なくありません。このような手法を、「フィッシング詐欺」とか、「マルウェアを利用した攻撃」といいます。

銀行口座やクレジットカードの暗証番号などが流出すると現金を不正に引き出されることがありますし、会員情報を盗まれると、あなたになりすまして迷惑行為をされたりする危険性があります。

最近ではSNSのメッセージを利用したもの、アプリを利用したものなど、多くの手法が開発されています。また、さらに悪質なものとして、サービス自体が詐欺目的ということもあります。

例えば、あなたがどこかに旅行に行こうと思って旅行会社を探していたところ、とても安くて良さそうなプランを紹介している旅行会社があったとします。そこで旅行商品を買ってみたら、その会社そのものが個人情報やクレジットカード情報などを抜き取るためのものだった、というようなケースです。

こうした事件の検挙件数は増加傾向にあります。決して他人事ではありません。

発信元に心当たりがないメール、SNSのメッセージは削除するくらいがちょうどいいですし、また、心当たりがあるメールであったとしても、IDやパスワードを聞いてくるものについては用心すべきです。原則として各企業はメールやSNSのメッセージで口座番号（会員番号）や暗証番号を直接聞いてくることはありません。外見は銀行やクレジットカード会社からのメールに見えても、注意深く見ると発信者のアドレスが違うということもよくあります。

クレジットカードの番号や暗証番号、パスワード、そのほか、個人情報を入力するよう促《うなが》された場合は十分に注意しましょう。さらに、アプリをダウンロードすることを求められた場合は、そのアプリの発行元をきちんと確認する必要があります。

偽サイトではないかどうかを確認するには、案内があった銀行やクレジット会社の公式サイトに検索エンジンから直接アクセスし、トップページから案内されているページにたどれるかどうかを確かめる方法があります。

そもそも、暗証番号やパスワードを尋ねる必要性があるのであれば、そのような重要な情報はトップページに記載しているでしょうから簡単にたどれるはずです。気になることがあったら、まずは公式ホームページで確認してみましょう。

新しいサービスを使う場合の見分け方については難しいですが、検索エンジンを使って評判を確認するのが望ましいです。全く評判がなかったり、悪い評判ばかりだったりするサービスは、使わないほうがいいでしょう。

危険を防ぐポイント

1. 口座番号、ID、パスワードを聞いてくるメール、SNSのメッセージ、サイトは要注意！
2. アプリのダウンロードを求められた場合は、より注意深く確認する
3. 新しいサービスを利用するときは、そのサービスが実際にあるものかどうかや評判を確認する
4. 銀行やカード会社、大学のホームページを見て同じ内容があるか確認する

13 アカウント乗っ取りとなりすまし
――パスワードの使い回しでリスクは膨れ上がる

あなたもSNSやオンラインゲーム、通販サイトなどを多く利用していると思います。これらのサービスでは近年、アカウントの乗っ取りが大きな問題となっています。これは第三者があなたのID／パスワードで勝手にログインしてあなたになりすまし、勝手に商品を購入したり、詐欺行為を働いたりするというものです。

例えば、SNSの友人に対してあなたの名前で詐欺商法による勧誘が行われたり、オンラインゲームでレアアイテムが勝手に売り払われたり、フリマアプリで詐欺が行われたりということが起きています。自分に対する被害だけでなく、ほかの人にも迷惑をかけることがあるので、乗っ取られないように対処しなくてはなりません。

アカウントの乗っ取りが起きるのは、パスワードが簡単なものに設定されているときが多いのですが、もう一つの要因として、複数のサービスで同じIDとパスワードを利用しているケースも挙げられます。

同じＩＤ・パスワードを利用している場合、どこか一つのサイトでＩＤ・パスワードが流出すると、ほかの全てのサービスが危険にさらされることになります。

残念ながら、どんなサイトでも情報が漏れることはありえるので、利用者としては、ＩＤとパスワードをサイトごとに個別に設定することで、自衛する必要があります。

アカウント乗っ取りの手法は次々と進化しているので、ＩＤ・パスワードを使い回さないことで、二次被害を生まないようにすることが最低限必要なのです。

ＩＤ・パスワードを複数覚えておくのが大変だという人は、スマートフォンにパスワードマネージャーなどのアプリを入れて、パスワード管理をするのも一つの手です。ただし、そのときにはパスワードマネージャー自体が危険なアプリでないことの確認を忘れずに（危険なアプリに関しては、「16　危険なアプリ」を参照）。

危険を防ぐポイント

1. パスワードは自分だけがわかるものにする
2. ＩＤ・パスワードは、同じものを複数のサイトで使い回さない
3. パスワードマネージャーなどのアプリで管理するのも手

14 不正ダウンロード
——ダウンロードするだけで重い罪になる

インターネット上には、音楽ファイルや画像ファイル、映像ファイルなど、さまざまなデータファイルがあります。みなさんもダウンロードして楽しんでいることでしょう。これらのファイルは、著作権によって保護されています。

これまでは、不正にコピーされた音楽などがインターネット上にアップロードされていても、それをダウンロードすること自体は合法でした。しかし、著作権法が改正され、２０１０年から不正なファイルをダウンロードすることも違法になりました。２０１２年には不正なファイルをダウンロードすることで刑事罰が科せられるようにもなっています。

インターネット上に無料で公開されているからといって、ダウンロードをすると、それが犯罪行為になるかもしれないのです。

近年、漫画を無料で読めるという非合法なサイトが話題になったように、無料サービスが合法的なものなのかどうかは確認しておく必要があります。

例えば音楽の場合、アプリやサイトに「エルマーク」や「ＪＡＳＲＡＣ許諾番号」などがついているかどうか、漫画の場合は「ＡＢＪマーク」がついているかどうか。これらがついていれば合法である可能性が高いといえます。

音楽アーティストや映画製作者、漫画家たちは、作品が売れることによって生活しているわけですから、ファンであれば、ぜひ合法的に購入しましょう。


オンラインショップやフリマアプリで買ってみたら、不正コピー商品だった、という可能性もあります。悪質な販売業者の場合には、あなたが正規品を購入したと思っていても、不正コピーされた製品が送られてくることもあります。購入前にサイトの信頼性や、販売者の評判を十分に確認しましょう。

そして、ダウンロードした漫画や音楽データが不正コピーした製品であるとわかったときは、そのデータファイルを削除しましょう。

オンラインショップやインターネットオークションで不正にコピーされた製品を購入し

てしまった場合、つまり詐欺に遭ってしまった場合は、サイトの管理者に連絡しましょう。管理者が不明な場合は消費生活センターなどに連絡して、どのように対処するか相談してみることで、解決に向かうこともあります。

危険を防ぐポイント

1. たいていの作品には著作権があることを知ろう
2. 不正ファイルをダウンロードするだけでも刑事罰が科せられる。信頼できるサイト、評判がきちんとしている人から購入する

15

ネットゲーム・スマホゲーム
――熱中するあまり驚きの請求額になることも

スマートフォンや家庭のゲーム機で、インターネットを介してほかのユーザーたちと競い合うゲームがずいぶん普及してきました。

とくにスマートフォンで行うゲームのことを「スマホゲーム」と呼びますが、この特徴としては、1回1回が短時間で遊べるように作られていること、基本は無料で遊ぶことができるが、ゲームを進行するためには便利なアイテムを購入しなくてはならないようになっていることなどが挙げられます。

広告でも「基本無料」などとされている場合が多いのですが、実際には課金部分もあるのが一般的です。運営費用を得る必要があるのだから当然ともいえます（過去のゲームの配信など、完全無料の場合も一部あります）。

大学生ともなれば、無料という言葉だけを信じて、課金されたことに気づかないということはないでしょう。

しかし、これらのゲームでは、ちょうどゲームが面白くなったときに課金のタイミングが来るように設定されていることがほとんどです。

最初はほんの少額と思って課金を始めてみたのだけれど、ついつい熱くなって、気づいたときにはかなり多額になってしまったという相談が、消費生活センターに数多く寄せられています。

高額課金を防ぐためには、購入金額に月ごとの制限をつける方法があります。多くのサービスでは、課金上限を設定する、もしくは一定額に達したときにメールでお知らせが来るという機能が提供されています。それを利用することで自分が使った金額を把握することができます。

高校生のときはもともとシステム側で自動的に設定されていたものが、大学生になると自分で設定することが求められ、高額になる大きな原因の一つになっています。

また、クレジットカード決済にしている場合、実際に請求されるのは1～2か月後になるため、自分が実際にその月にいくら使ったかがわかりにくいこともあります。

だからこそ、自分で1か月の利用金額を決めて、上限を設定しておくことが重要な対策になるのです。

もう一つの手段として、スマホゲームの支払いについてはすべてｉＴｕｎｅｓカードやウェブマネーに限定する方法もあります。毎月一定額を購入してその範囲で利用すると決めれば、月額利用料金の管理が容易になるでしょう。

これらの手法のどれかを取り入れることで、高額の請求額になることを防ぐことができます。

危険を防ぐポイント

1. 課金上限金額の設定機能や、現在の課金額のお知らせ機能を利用する
2. クレジットカードを登録せずにウェブマネーなどを利用し、月額利用料金を管理する

16 危険なアプリ
―"便利なアプリ"に仕組まれている危険

スマートフォンには便利なアプリがたくさんあります。無料で公開されているアプリも多くありますし、みなさんもいろいろなアプリをダウンロードしていることと思います。しかし、これらの中の一部には、危険なアプリや、危険な目的で使えてしまうアプリが含まれていることを知っておいてください。

例えば、あなたがスマートフォンに登録している友人の電話番号などの情報をごっそり抜き取ってしまうものがあります。アプリで入れたパスワードを記録してなりすましを行うというフィッシング用のアプリもあります（「フィッシング」については67ページ参照）。また、アプリ自体が、あなたの行動を監視することを目的としているものがあり、それを友人や恋人に知らないうちに入れられてしまっていた、などということもあります。

このようなアプリには、公式のアプリマーケットでも普通にダウンロードできるものがあるので注意が必要です。

スマートフォンのアプリにはいろいろな使い方がありますので、一概にどれが危険とは決めつけられません。監視ソフトであれば、子どもの利用状況を把握するために使うことも可能でしょう。

そのため、利用者としては判断が難しいのですが、ダウンロードする前に一度、アプリの名前や作成者の名前でウェブ検索をしてみたり、アプリマーケットの直近の評価コメントをいくつか確認してみたりすることが大切です。

また、アプリを利用する際にコミュニティサイトとの連携や、スマートフォン内の情報の取得について、どうするかの確認が求められることがあります。例えば、あなたが利用しているコミュニティサイトに投稿をしてもいいですか（勝手に友人に向けて宣伝される可能性）とか、あなたのSNSのメッセージ（友人と行ったやりとりの情報など）を読み取ってもいいですか、とか、あなたの連絡先のデータ（つまりは友人の個人情報）を読み取ってもいいですか、などです。

多くの場合、利用規約なども含めていろいろメッセージが出てくるため、面倒になって「OK」を押してしまうかもしれませんが、これらに「OK」を押すということは、あなたがそういう行為をやってもよいと許可したことになります。

何に同意しているのか、「OK」を押す前に確認して、よく考えるようにしてください。

危険を防ぐポイント

1. インストール前に、アプリ名や作者名で検索し、評判を確認する
2. インストールする際、アプリが利用する項目を確認し、おかしなものがあったらインストールしない
3. コミュニティサイトとの連携が求められたとき、必要でなければ拒否する

17

ネット依存症・ゲーム依存症
――「やめられない」「手から離せない」を防ぐコツ

総務省の調査によると、スマートフォンを利用する人は、従来型の携帯電話（ガラケー）を利用している人に比べて、携帯電話機器の利用時間が長いという結果が出ています。

スマートフォンやインターネットはとても便利なものですし、長く使ってしまいます。無料で通話やメール、チャットができるアプリがあることから、長く電話やチャットをしてしまったり、ウェブサイトの情報をいろいろ検索していたり、オンラインゲームをしたりしているうちに、気づいたら深夜だった、といった経験をしたことがある人も多いと思います。

友人とコミュニケーションを取ることも、ウェブの情報を見ることも、それ自体は別に問題ではないのですが、あまり長くなると普段の生活に支障をきたすことになります。

厚生労働省が２０１７年～２０１８年に行った調査では、病的なインターネット依存

（オンラインゲームの依存を含む）が疑われる中高生が全国で約93万人いるという推計も出ています。また2019年には、世界保健機関（WHO）がゲーム依存をギャンブル依存などと同様の精神疾患として認めました。

みなさんは自分が依存症であると思っていないかもしれませんが、テストをしてみると依存傾向があると判断される可能性があります。自分の予定や健康を考えて、適切なタイミングで終わらせることを心がける必要があります。

さらに、インターネットの情報に依存するあまり、歩きながらスマートフォンを見るなどの「歩きスマホ」をする人も増えています。

歩きスマホに起因する事故は、2018年で2790件に達していますし、2019年12月1日から施行された改正道路交通法では、罰則の強化と違反点数の引き上げが行われました。携帯電話の使用などにより、道路における交通の危険を生じさせた場合には、刑事罰の対象になるようになっています。

みなさんは、相手がチャットを返してくるのでこちらも返さなくてはならないとか、オンラインゲームで友人と協力してプレイしているから抜けられないと考えているかもしれません。しかし、実際には相手も同じように思っていて、やめどきを失っていることもあります。

「翌日に差し支《つか》えるので」「いま移動中でスマホを使えないから」などといって、その日の通話、メール、ゲームを終わらせることは、相手にとっても好都合かもしれないと考えて、スマホを使わない時間を持つようにしてはどうでしょうか。

危険を防ぐポイント

1. 翌日の予定などを考え、適切な時間で通話やメール、ゲームをやめる意志を持つ
2. 友人とのチャットやゲームでも、自分からやめどきを上手に提案しよう
3. 「歩きスマホ」は思わぬ事故につながるのでやらないようにしよう

18

スマホの分割払い
——毎月の支払いを怠ると最悪ブラックリスト入りも

大学生のみなさんは多くの人がスマートフォンを利用していると思います。

スマートフォンの機種によっては、10万円を超える高額なものもあります。そのため購入するときに、分割払いにすることが多いのではないでしょうか。そのような人は、携帯電話の料金を払うときに、決して滞納《たいのう》しないように気をつける必要があります。

携帯電話を割賦《かっぷ》（分割払い）で購入している場合、それはローンを組んでいるのと同じです。あなたは携帯電話の通信料を払っているだけだと思うかもしれませんが、実は毎月、携帯電話の通信料とスマートフォン端末のローンの費用の双方を払っていることになるわけです。

つまり、携帯電話の料金を滞納した場合、それはローンの支払いを滞納していることになります。これを3か月などの長期間滞納すると、その人はローンを支払えない人として、個人信用情報機関のブラックリスト（金融事故を起こした人のリスト）に掲載されてしまいます。

信用情報機関のブラックリストに掲載されるとどうなるのでしょうか。この信用情報機関の情報は、車や家をローンで買う際にも確認されます。そのため、この信用情報機関から金融事故情報が消えるまでの期間、あなたはローンを組むことができなくなります。信用情報機関によってこの期間は変わりますが、だいたい5年程度です。

ちょっと飲食費がかさんで、携帯電話の料金を滞納しただけとあなたは思うかもしれません。しかし、それによって5年間ローンを組めなくなり、車や家などをローンで買えなくなるわけです。

防ぐのはとても簡単で、携帯電話の料金を滞納しないことです。口座振替などにしてきちんと毎月支払える状態を作りましょう。もしくは携帯電話端末を一括で買ってしまえばローンを組む必要がありません。

危険を防ぐポイント

1. 携帯電話を分割払いで買った場合、料金の滞納をしないようにしよう

2. 携帯電話端末は一括で買ったほうが、料金滞納の観点ではよい面がある

第3章

その心のスキが狙われる！

大学生がダマされるさまざまな手口

翔太・美咲　青春大学1年
昨日さ、こんなはがきが届いたんだよ

当社の動画閲覧サイトにご登録いただき
どうもありがとうございます。
ご登録料5万円につきましては、
7日以内に以下にお振り込みください。
お振り込みなされなかった場合は……
なにこれ？
いったい何の動画サイトに登録したんだよ エッチ系かい？
いやいや よくある ワンクリック詐欺だよ こういうのは
無視しても大丈夫なのかい？
平気平気 気にすることないって ところで話って何？
この間さあ ちょっと いい感じの女性と 知り合ったんだよ

新しい生き方の発見！　毎日が楽しくなる

四六判並製

なぜか9割の女性が知らない 婚活のオキテ
成婚率80%を誇る〈カリスマ婚活アドバイザー〉の婚活戦略を初公開！
植草美幸　1320円

世界でいちばん幸せな人の小さな習慣
ちょっと生きづらい「今」の自分からすべてを解き放つ言葉や行動のヒント
リズ山崎　1400円

「老けない身体」を一瞬で手に入れる本
何歳から始めても「広背筋」で全身がよみがえる！
中嶋輝彦　1280円

すべてを手に入れる最強の惹き寄せ「パワーハウス」の法則
あなたの願いや夢を叶える「超シンプル」な究極の方法とは！
佳川奈未　1300円

たちまち、「良縁」で結ばれる「悪縁」の切り方
幸せな「人間関係」を叶える光の法則☆
佳川奈未　1400円

やっぱり外資系！がいい人の必勝転職AtoZ
元人事だからこそ知り得る、〝成功する〟転職ハウツーを初公開！
鈴木美加子　1400円

肌にふれることは本当の自分に気づくこと
いつもの洗顔で、まだ見ぬ自分に出会う！
今野華都子　1380円

中学受験 男の子を伸ばす親の習慣
安浪京子　1500円

中学受験 女の子を伸ばす親の習慣
中学受験を控える女の子の学力アップに効果的な親の習慣を初公開！
安浪京子　1500円

思い通りに夫が動いてくれる妻の魔法
家事・育児・夫婦関係…夫とうまくやっていくための妻の禁断の教科書！
竹田真弓アローラ　1400円

見ているだけで視力アップ！「眼の老化」は脳で止められた
スマホで悪くなった眼はスマホで治せる！ 視力回復3D動画付き！
中川和宏　1400円

「美しい手」がすべてを引き寄せる
2万人をケアしてきた美容家が教える、7日間の究極のハンドケアとは
加藤由利子　1300円

ノートのとり方1つで子どもの学力はどんどん伸びる
「浜学園」で支持率No.1だった塾講師が教える、〝一生モノのノート術〟！
州崎真弘　1400円

すべての人間関係の秘密を解き明かす「マヤ暦」でわかる相性
「マヤ暦」からわかる良好な人間関係を築いていくための法則！
木田景子　1380円

5歳から始める最高の中学受験
中学受験に必要な〝学力のベース〟をつくる効果的な方法を伝授！
小川大介　1500円

不登校になって本当に大切にするべき親子の習慣
菜花俊　1380円

表示は本体価格

へえ、どこで？
それが最近話題の出会い系サイトでさ
この前、ちょっとお茶してきたんだ
うふ♡
やるじゃん
翔太もやってみない？
そうしたら、彼女が、絶対儲かるって言って、投資用のノウハウが入っているUSBメモリーを紹介してくれたんだ
50万円
えっ
いったいいくらするんだよ、それ
たかっ！

そんな金あるわけないじゃん
大丈夫 学生ローンも組めるし
それに別の人を紹介すると、
ニコ…
手数料として10万円返ってくるんだよ
壱万円
おいおい *それってマルチじゃない?
キョトン
えっ!?
この前サークルの先輩から聞かされたけど
それ絶対マルチだよ

＊既存の会員が新規会員を誘い、その新規会員がさらに新たな会員を勧誘して、ピラミッド状に販売員を増やしていく仕組みのこと。それ自体は合法だが、違法に発展していくケースも多い。

パカッ
いつ申し込んだんだよ？
カチャ…
カチャ…
だったらクーリングオフできるはずだから、ちょっと調べてみようよ
おとといだけど……
クーリングオフ手続き方法
いやいや、助かったよ
無事クーリングオフできて
お互い気をつけないとな
学生をターゲットにしているのも多いみたいだから
美咲ちゃんだ……
あれ

お前の知り合いかい？
何か勧誘されているみたいだ
うん、クラスメイトなんだ
美咲ちゃんどうしたの？
あっA君
助かった
ホッ…
では、私は友だちと用事があるので失礼します
チッ
もう少しだったのに…
Aくん…

今の人、エステの勧誘で結構しつこくて断りにくかったんだ
助かったわ
サークルの先輩から聞いたことあるのよ
路上勧誘で健康器具を買わされたけどクーリングオフをしたって
クーリングオフ
後でどうせクーリングオフできるって思ってたら、断るタイミングがつかめなくなっちゃったのよね
あっ俺もね
ちょうどクーリングオフしてきたんだ
いろいろと気をつけないとね
じゃあまたね
明日は生活リスクリテラシーの講義で一緒だね
俺はこれからサークルなんだ
私は図書館に用事があるの

19

契約トラブル
——社会的な経験が少ないことにつけこんで

大学生活が始まると、いろいろな契約行為を結ぶ機会が増えるでしょう。

成年年齢の引き下げ（20歳から18歳に）が、2022年4月1日から施行されます。これまでは契約するのに保護者の承認が必要でしたが、これからは自分で責任を持って契約し、その義務を果たしていかなければなりません。

みなさんは高校生の頃に、きっといろいろな消費者教育を受けていることでしょう。

さあ、これからがその実践です。

一人暮らしを始める人はアパートの賃貸契約や、電気、ガス、水道などの公共料金の契約をしなければなりません。そして、アルバイトの契約、スマホの契約など、さまざまな契約行為があなたを待ち構えています。

悪質な業者は、まだ社会的な経験が少ないみなさんにつけ込んで、「就職に役立つ」「みんなやっている」「この場で契約すると特典がある」などと、じっくり考える余裕を与えずに契約させてしまうことがあります。

高額な商品であっても、「アルバイトすれば支払える」「クレジットカードのリボルビング払い（リボ払い）を利用すればよい」などと、あの手この手で断りにくくさせ、ローンを組んで購入させてしまうこともあります。

最近ではデート商法も増えています。SNSを通じて知り合った異性から高額商品を購入させられたり、マルチ商法に巻き込まれたりする事例があります。

こんなのにダマされるなんて、用心が足りないだけだと思えるかもしれませんが、いざ自分に降りかかると、冷静に対応できないものです。

口車に乗せられて契約してしまうと、多額の金銭を業者に対して支払うことになります。預貯金を使い果たしたり、学生ローンや消費者金融から多額の借金をしたり、クレジットカードのローンを返済できずに多重債務に陥る恐れもあります。

知人から誘われた場合、断ると人間関係を損なうのではないかとの心配もあるようです。必要がないものは、きっぱりと断る勇気を持ちましょう。アンケートなどでうかつに住所や電話番号を教えないこと、呼び出しには応じないことも大切です。

不本意に契約させられたとしても、一定の期間内であれば、クーリング・オフ制度により解約できる場合があります。

まず大事なことは、契約書に書かれている内容をきちんと理解することです。クーリング・オフについても明記されているはずです。

たとえ対象期間を過ぎていても、業者が契約時に虚偽の内容を告げていたり、誤認を招くような行為をしていた場合、クーリング・オフや契約解除ができる場合があります。

ただし、ネットショッピングや通信販売はクーリング・オフの対象にならないことにも注意しましょう。

いずれにしても、トラブルに巻き込まれたときはいろいろな対応方法があります。自分一人で抱え込んで悩まずに、家族や大学の相談窓口、最寄りの消費生活センターに相談したり、消費者ホットライン188（「いやや」全国統一番号）に電話してみましょう。

危険を防ぐポイント

1. 知人から誘われても、必要がなければきっぱり断ろう
2. 怪しげなアンケートには答えないようにしよう
3. 不本意に契約してしまっても、クーリング・オフで解約したり、消費生活センターに相談しよう

コラム

クーリング・オフのやり方

訪問販売やキャッチセールスなどで不本意な契約を結んでしまった場合、契約後一定の期間内であれば無条件に契約を解除できる制度「クーリング・オフ」があります（特定商取引法）。

とくに商品の購入を考えていないときに突然、業者から勧誘され、冷静に判断できないまま契約してしまうような販売契約や、複雑でその場では契約の内容を理解しにくいマルチ商法のような取引がクーリング・オフの対象となります。

継続的に提供されるサービスの中でも、内容やその効果が不確かなものとして、エステティックサービスや語学教室、パソコン教室なども対象に含まれます。これらは対象とする期間や金額が個別に定められていますので、事前に確認しておくことが必要です。

近年、法律が改正され、訪問販売の一形態であるアポイントメントセールスに、いわゆるSNSのメッセージ機能で指定の場所に呼び出す方法なども対象に追加されました。また、未公開株やCO_2排出権取引といった投資商品などについても対象となることが明確になりました。

手続きとしては、クーリング・オフ期間内に書面（はがきで可）で業者に対し契約を解除する旨を申し出ます。書面は両面コピーを取っておき、郵便局から特定記録や簡易書留などの「出した日付」がわかる方法で郵送しましょう。

クレジット契約をしているときは、クレジット会社にも同時に通知しましょう。クーリング・オフは書面を出した瞬間に有効になります。書面のコピーと簡易書留などの証明などの紙の2つがクーリング・オフをしたことの証拠になりますので、保存しておいてください。

ただし、クーリング・オフは契約を解除するものであることに注意してください。契約した覚えがないときや契約した証拠がないときにクーリング・オフ通知書を送ると、そのクーリング・オフ通知書が契約をした証拠として悪用される恐れがあります。

架空請求や出会い系サイト、アダルトサイトなどからの請求にクーリング・オフ通知書を送る際は注意が必要です。迷う場合は消費生活センターに相談しましょう。

【ここがポイント!】

●クーリング・オフ期間内に書面(はがきで可)で業者に対し契約を解除する旨を申し出ます
●クレジット契約をしているときは、クレジット会社にも同時に通知します
●書面は両面コピーを取っておきましょう
●郵便局から特定記録や簡易書留などの「出した日付」がわかる方法で郵送しましょう
●書面のコピーと簡易書留などの証明などの紙の2つがクーリング・オフをしたことの証拠になりますので、保存しておいてください
●契約時に業者が事実と違うことを告げて消費者の誤認を招くような行為をしていた場合、定められた期間を過ぎていてもクーリング・オフができる場合があります
●クーリング・オフに関する事項は契約書に記載されていますので、確認するようにし

ましょう

●通信販売にはクーリング・オフ制度がないので注意しましょう

●取引形態とクーリング・オフ期間

取引形態	期間
訪問販売(キャッチセールス、アポイントメントセールスなどを含む)	8日間
電話勧誘販売	8日間
エステ、美容整形、語学教室などの特定継続的役務提供	8日間
業者が自宅などに訪ねてきて、商品の買い取りを行う訪問購入	8日間
マルチ商法などの連鎖販売取引	20日間
内職商法、モニター商法などの業務提供誘引販売取引	20日間

クーリング・オフなどの相談先

・消費生活センター 都道府県別所在地一覧
http://www.kokusen.go.jp/map/

・国民生活センター　消費者ホットライン
188(「いやや」全国統一番号)

・国民生活センター　平日バックアップ相談
03-3446-1623(平日10時~12時および13時~16時)

20 訪問販売

――不用意にドアを開けたばっかりに

自宅にセールスマンやセールスレディが、化粧品や日用品などの販売に訪ねてくることがあります。化粧品や日用品は、あまり必要と思っていなくても、強引さに押され、またそんなに高額ではないからと買ってしまったということもよく耳にします。

また、「ふとんにダニがどれだけいるか調べましょう」「消火器を点検しましょう」「無料で耐震診断をしましょう」など、調査や点検を口実に自宅を訪問し、「早く手を打たないと、このままでは危ないですよ」「法律で定められているので、すぐに交換が必要ですよ」と不安をあおったり、「いまなら特別価格で安く販売することができますよ」などといって、その場で契約を迫ることもあります。

新聞の販売員が訪ねてきて、すでに別の新聞を取っているにもかかわらず、「話だけでもさせてくれ」といわれて玄関に入れてしまい、何度も契約しないかと持ちかけられ、なかなか断れずに、結局この新聞とも契約を結ぶはめになったという事例もあります。

あなたが選ばれました、など特典付きをアピールすることもあるでしょう。これも悪質な業者の常とう手段です。ＳＮＳで連絡し、販売会場に呼び出して勧誘する、いわゆるキャッチセールスも訪問販売に分類されます。

これらは、消費者に冷静な判断をする時間を与えずに契約を結ぼうとする悪徳商法の場合が多くあります。

とにかく断ること。話を聞き始めないことが大事です。

断るのに理由は不要です。どうしてですかと問われても、変に理由をつけず、「いりません」「興味ありません」ときっぱり断りましょう。断っているのに勧誘を続けることは法律で禁止されています。

相手はプロのセールスマンです。何かにつけて会話を続け、用件を聞き始めてしまうと、とにかく扉を開けさせ、自分のペースに乗せて断りにくくしていきます。

「話だけでも」といわれ、「むげに断るのもなんだから、話だけでも聞いてあげよう」という気持ちになるかもしれません。しかし、対面で長く話してしまうと、販売員に対して情が湧き、より断りづらくなるものです。気がやさしい人こそ、話が長くなる前にきっぱりと意思表示をすることが大切です。

また、訪問購入という事例もあります。「突然自宅を訪れた知らない業者に、十分な説明もなく宝石、指輪、金貨などの貴金属を安値で買い取られた」というようなものです。「いまが一番高値です」「早くしないと大損ですよ」などのセールストークで勧誘され、その場で判断を迫られるようなときは、とくに注意しましょう。

いったん貴金属を引き渡してしまったら、取り戻すことはほぼ不可能です。

万が一、不本意にも契約してしまった場合は、クーリング・オフ制度（97ページ参照）を利用して契約を解除しましょう。

一人で抱え込んでしまわずに、友人や大学の相談窓口、近くの消費生活センターに相談したり、消費者ホットライン188（「いやや」全国統一番号）に電話してみましょう。

危険を防ぐポイント

1. ドアを開ける前に、用件を確認するクセを（不用意にドアを開けない）
2. 怪しいと感じたり、商品に興味がない場合は、勇気を持ってきっぱり断ろう
3. 不本意にも契約してしまったときは消費生活センターに相談し、期間内にクーリング・オフしよう

21 送りつけ商法

――一度でも受け取ると業者のカモに

ある日、身に覚えがない商品が突然届くことがあります。

荷物が届いたとき、わざわざ送り主や中身を確認してから受け取る人はほとんどいないでしょう。まして家族と一緒に生活していたら、誰が頼んだものか、誰宛てのものか、とりあえず受け取ってからあとで確認することでしょう。

一人暮らしを始めたばかりだったら、あれ、これ何だったたっけ？　と疑問に思いながらも、いったんは受け取ってしまうかもしれません。

代金引換郵便など、代引きの場合には少しは気にすることでしょう。それでも、それほど高額なものでなければ、とりあえず受け取ってしまうのではないでしょうか。

化粧品や美容グッズが代引きで届き、実際に受け取って支払ってしまう事例を耳にします。返品手続きが面倒に思えたり、値段が数千円程度とそんなに高額でもなかったからというのがその理由です。

そこにつけ込んでくるのが、送り付け商法です。表沙汰になっていないだけで、悪質な業者の思惑のままに泣き寝入りしてしまっている例がいくつも潜在していることでしょう。また、いったん受け取ってしまうと、ダマされやすい消費者と思われ、それから何度も商品が送られてきてしまうかもしれません。

中にはあたかも試供品で無料のように見せかけ、後で請求をしてくる場合もあります。身に覚えがないものでも、中身を開けて、使用してしまったら、売買契約が成立し、料金を支払わなければならなくなる場合があります。

代金引換郵便で受け取ってしまった場合は、その段階で売買契約が成立したことになり、返金を受けることはできなくなってしまいます。

まず、届いたものが何で、実際に自分や家族が購入したものなのかを確認することが大切です。

特定商取引に関する法律では、業者から商品が送られて手元に届いただけでは、それを購入したことにはなりません。ただし、自分のものではないので、適切に保管することが必要です。

商品を受け取った日から14日間保管したら、あるいは引き取りを請求してから7日間たっても業者が引き取りにこなかったら処分してもよいことになっています。業者に取りにこられても困るという人は、着払いで送り返しましょう。

請求書がしつこく送られてきたら、請求書が入った封筒を開封せず、赤い字で「受領拒否」と書き、そのままポストに入れて送り返せばいいのです。

送りつけ商法では、商品の売買契約は成立していないので、代金の支払い義務は発生しません。たとえ商品が手元に届いていたとしても、クーリング・オフの手続きを取る必要もありません。

身に覚えのない郵便物や宅配便が届いたら、中身を開ける前に差出人や送り先をちゃんと確認しましょう。とくに代金引換便の場合は、支払ったらお金が戻ってこないことを頭に入れて、受け取る際には十分に確認することが大切です。

危険を防ぐポイント

1. 身に覚えのない商品が届いたら、決して開けない、使わない、お金は払わないようにしよう
2. 14日間保管して、その間、業者が引き取りにこなければ、処分しよう
3. 代金引換の場合は、受け取りを拒否しよう

22 架空請求
――「払わなければならない」と思わせる巧みなやり口

ある日、身に覚えのない請求書が届くことがあります。

スマートフォンで手軽にネット決済ができるようになり、自分が誤って何かを申し込んでしまったのか、有料サイト（アダルト系など）にアクセスしてしまったのかと不安に思うこともあるかもしれません。

何気なくクリックしたサイトでいきなり「登録完了」と表示され、登録料を請求されるクリック詐欺の事例も多く報告されています。

画面上に「退会はこちら」「お問い合わせ」というボタンを設け、住所やメールアドレスを入力させる場合もありますが、クリックしただけでは、相手はこちらの住所などの個人情報を取得できないので、入力しないようにしましょう。

身に覚えのない請求書が届いたからといって、請求先に連絡したり、そのまま請求書の記載内容に従った行動を取ってはいけません。それでは悪質な業者の思うつぼなのです。

そんなのにダマされるわけがないと誰もが思います。しかし、いざ自分に降りかかると、意外とあわててしまうものです。

請求や督促《とくそく》は、ＳＮＳやメールで届いたり、はがき一枚で送られてきたり、あるいは特定記録郵便による封書で、明細書付きの特定通知であったり、それらを無視していたら、封書入りの緊急連絡などが送られてくることもあります。

あわてることはありません。自分がちゃんと申し込んだり、お金を支払うことを了解して使用したものだとわかるものでなければ、無視すればよいのです。


利用した覚えのないサービスについて、業者が一方的に利用料を請求するのが架空請求の典型例です。郵便や電子メールが来て、指定銀行口座に振り込むよう要求されたり、指定された電話番号に電話するように記してあったりします。

連絡をしてしまうと、悪質な業者は言葉巧みに個人情報を取得したり、恫喝《どうかつ》したり、法律用語を並べて、あたかも債務が存在すると思い込ませるのが手口です。あるいは逆に、とても親切にものをいうことで相手を信頼させ、その場でおかしいことに気づかせないようにする業者もいます。

こうした悪質業者からの架空請求は無視してかまいません。あまりにしつこい場合は消費生活センターなどに通知しましょう。


ただし、悪質業者による「少額訴訟」という裁判手続きを悪用した架空請求の事例も少なからず見られるので、注意が必要です。悪質業者が簡易裁判所に申し立てをして、本物の呼び出し通知が簡易裁判所から送られてくるのです。

簡易裁判所では悪質業者からの申し立てかどうかは確認しません。手続きに則《のっと》って呼び出し通知が送られてきますので、本当に裁判所からの通知だった場合は、督促異議の申し立てをしなければなりません。

そうすれば、悪質業者はそもそも架空請求をしているわけですから、その先の手続きに進むことはできません。でも、督促異議の申し立てをしないで放置していたら、悪質業者の主張を認めたものとして敗訴する可能性があります。


本当に裁判所からの通知かどうかを確認したうえで対処することが重要です。ただし、通知に書かれている連絡先はデタラメである可能性が高いので、簡易裁判所の連絡先を自分で調べて確認するようにしましょう。

もし、迷ったり悩んだりするようなことがあったら、消費者ホットライン188（「いややー」全国統一番号）に電話したり、消費生活センターに相談しましょう。

危険を防ぐポイント

1. 身に覚えのない請求、および契約意思のない契約料の請求は無視しよう

2. たび重なる架空請求や、少額訴訟を悪用した通知が送られてきた場合は、消費生活センターに相談しよう

23 マルチ商法
――儲からないどころか友人を失う可能性も

友人や先輩に、簡単に儲かるいい話があると誘われ、セミナーに参加してつい会員になってしまった結果、商品を売るためにさらに会員を増やさなければならなくなってしまう……。

友人を誘って会員にし、商品を売ればマージンが入ると、いかにも簡単なことのように勧誘され、友人を誘ってみても、そんなに簡単に会員になってもらえるはずもなく……。

こんな状況の中でさまざまな問題が発生するため、こういったやり方は「特定商取引法」により「連鎖販売取引（マルチ商法）」として厳しく規制されています。

最近では、相席の居酒屋で出会った異性や、出会い系サイトやＳＮＳを通じて知り合った異性から、デートを重ねるうちに高額商品を売りつけられて、マルチ商法に巻き込まれる被害が報告されています。これらはデート商法とも呼ばれています。

悪質なケースでは、その異性がクーリング・オフの期間を過ぎてから姿を消すようなことも耳にします。

マルチ商法とは、会員が新会員を勧誘し、その新会員がさらに新しい会員を勧誘する形で会員を増やしながら商品を販売していく構造で、会員が勧誘してさらに会員を増やすことによって、より高い利益を得られるような仕組みとなっています。

扱われる商品は、健康器具、化粧品、学習教材などさまざまです。

甘い言葉に乗って会員になってしまうと、新会員を思ったように勧誘できず、仕入れた商品が売れずに在庫を抱えてしまうケースがほとんどです。ついつい誇大な宣伝をしてしまったり、友人、知人を巻き込むことになって、身近なところで被害者を増やしてしまったり、あるいは、人間関係を壊し、友人を失ってしまうことにもつながります。

世の中には都合のいい儲け話はありません。とにかく初めに断ることが大切です。

いったん契約してからも、クーリング・オフ制度を利用して解約することができます。

場合によっては、クーリング・オフ期間を過ぎてしまってからでも、解約することができます。

被害に遭ってしまったり、迷ったり悩んだりしたら、一人で抱え込まずに、友人や大学の相談窓口、各地の消費生活センターなどにも相談したり、消費者ホットライン188（「いやや」全国統一番号）に電話してみましょう。

危険を防ぐポイント

1. 怪しい誘いには耳を貸さない、都合のいい儲け話はないと心得よう
2. 恋は盲目、デート商法にダマされないように
3. 一人で抱え込んで悩まずに、大学の相談窓口や消費生活センターに相談する勇気を持とう

24

空き巣
――オートロックのマンションだからと安心していたら…

空き巣はここ数年ずっと減少し続け、全国での認知件数は2018年で2万2千1百件となっています。1戸建住宅では1万4千4百件、共同住宅では約7千7百件です。

侵入手口は、戸締まりを怠《おこた》っていたものが約8千3百件、ガラスを破っての侵入が約9千3百件、施錠《せじょう》を開けたり破ったりしての侵入が約2千1百件程度となっています。

1戸建てのほうが件数としては多く、戸締まりを怠らないことの重要性がわかります。

共同住宅に限ると、侵入手口は、戸締まりを怠っていたものが約3千1百件（40％）、ガラスを破っての侵入が約2千5百件（32％）、施錠を開けたり破ったりしての侵入が約1千1百件（14％）となっています。戸締まりは大切ですが、カギをかけたからといって安心できるものではありません（平成30年の刑法犯に関する統計資料、令和元年8月、警察庁より）。

また、自分のマンションがオートロックだからといって、過信しないようにしましょう。

オートロックのマンションでも、宅配業者やほかの住人と一緒に入ったり、死角になっている共用部分から侵入することも考えられます。以前の住人からカギや暗証番号が漏れていることもあるかもしれません。

玄関のそばや郵便受けなどへの隠しカギもやめましょう。

もしかしたら同じマンションの住人に、あなたを狙っている人がいるかもしれません。泥棒は必ず下見をしているといわれています。夕方や夜まで洗濯物を干しっぱなしにしていると、不在だと公言しているのと同じことです。

窓を防犯ガラスにしたり、施錠をしっかりするなどして、普段から防犯意識を高めましょう。一度空き巣に入られてしまうと、また狙われるのではないかと不安にさいなまれ、引っ越しを余儀なくされることもあります。

自分は大丈夫だと思い込んだり、盗まれるようなものはないからいいやと考えて油断することは禁物です。

危険を防ぐポイント

1. オートロックのマンションも油断してはいけない
2. 窓は防犯ガラスにし、出入りできるところのカギのかけ忘れに注意しよう

25

カルト・マインドコントロール
──自分には関係ないと思っている人ほど危ない

世間を驚かせるような大きな騒ぎを起こす怪しい宗教団体やカルト系の組織は、社会からなくなることなく存在し続けています。そんな団体に入る人が決していなくならないからとも考えられます。

みなさんは、自分がそのような団体と関わりを持つことはないだろう、自分なら勧誘を受けても大丈夫と考えているかもしれません。

多くの人がそう思っていることでしょう。でも、そんな団体はなくならないものです。

表向きは何をやっているかわからないけれど、所属する人々からいろいろ理由をつけては多額のお金を吸い上げたり、自分たちの組織の普及活動や勧誘活動に多大な時間と労力を費やさせたり、あるいは特定の人物を祭《まつ》り上げて、全てをその人物の意のままに進めている組織など、いろいろ存在します。

ある意味、うまくマインドコントロールされている人たちがたくさんいるとも考えられます。

このような団体に入ってしまうと、勉強する時間がなくなり、幅広く多くの人たちと交流する機会を失って、特定のメンバーとばかり時を過ごすようになってしまいます。そして、やがてそれが当たり前のようになって、気がつくと今度は自分が新入生を勧誘する立場になってしまうかもしれません。

自分も、いつマインドコントロールの影響を受けてしまうかわからないものです。気をつけましょう。

人の心は、自分で考えるほど強いものではない瞬間もあります。また、へこたれたり、くじけたりして一時的に心が弱くなっていることもあるかもしれません。

そんな隙間に巧みに入り込んでくるのがマインドコントロールなのです。

ひとたびマインドコントロールの深みにはまってしまうと、本人の力だけではもうどうしようもなくなってしまいます。ニュースでも、有名なタレントや著名人が普通では信じられないような行動を取ったり、疑わしい組織に入ってしまうことがよく報道されます。

まずは自分自身がそのような立場に陥らないよう、気持ちを確かに、強く持つことが必要です。そうであっても、心のかすかな隙間に、マインドコントロールの魔の手は忍び込んでくるものです。


迷ったり、わからなくなったりしたら、早めに友人や両親に相談したり、大学のカウンセリングを受けるようにしましょう。大切な友人で、マインドコントロールに陥っているような人がいたら、落ち着いて、やさしく相談に乗ってあげましょう。

ただし、相談に乗るつもりで自分が相手の影響を受けてしまうこともよく聞く話なので、注意が必要です。

マインドコントロールを受けている人は、普通ではないことを信じ込み、その考えから外れることに強い恐怖を感じるケースがほとんどで、当たり前のようにその考えを否定すると、かえって反発し、ますますのめり込んでいってしまうことが少なくありません。

時間をかけて、なるべくマインドコントロールの原因から遠ざけて、また自分一人の力で何とかしようと思わずに、いろいろな人の力を借りながら相談に乗ってあげましょう。
そして、自分がマインドコントロールを受けたら、それだけ周りに負担をかけてしまうことも頭に入れて、怪しい誘いには十分に気をつけるようにしましょう。

危険を防ぐポイント

1. 人の心は決して強いものではなく、へこたれるときも、くじけるときもあることを自覚しよう
2. そんな心の隙間に、マインドコントロールが入り込んでくることに注意しよう
3. 不審に思ったら、早めに友人や両親、大学の相談窓口などに相談しよう
4. マインドコントロールを受けている友人がいたら、自分が影響を受けないようにしっかり注意しながら、やさしく相談に乗り、カウンセラーなどに橋渡しをしよう

第4章

学生生活は心配事もいっぱい！

日常に隠されたトラブルの芽

翔太・美咲　青春大学２年
A君
おい。
A君、起きてるか。
おはよう……

おいおい、おはようじゃないよ
ピコン
A君
おはよう……
おいおい、おはようじゃないよ、今何時だと思ってるんだ？
うん？わからないや。なんか体がダルくて休んでた
このところ起きれなくてさ……食欲もないんだ
A君
大丈夫か。今からでもいいから、大学出て来いよ。一緒に生協でご飯でも食べようぜ
お前、しばらく大学来てないんじゃない？
あー、久しぶりに何とか来たよ
しっかり食べたいもの選べよ
一人だと、なかなか食事を作る気にならなくて

メニューカードには栄養バランスとかカロリーも書いてあるから、よく見てな
いらっしゃい
うちの親も、自炊が大変なときは生協食堂でちゃんと食べなさいって、*ミールカード持たせてくれたんだ
久しぶりに使ったよ
Card
せっかく親が持たせてくれたんだから、ちゃんと栄養をとらないとな
うん
久しぶりにちゃんと食事して元気が出たよ
午後は授業に出よう
あっA君

＊現金不要で生協食堂が利用できるカードのこと。定期券方式やチャージ方式があります。

A君、大丈夫？
ああ、大丈夫
しばらく顔見なかったから心配したよー
さっき、生協で翔太と昼飯お腹いっぱい食べて、元気が出たよ
えー、信じられない 私たちダイエット中だから、お昼抜いたのに
ゴホッ ゴホ…
Bちゃん、朝から調子悪そうだよね 熱あったりする？
うーん 熱っぽいけど、頑張って来たよ。語学は出席勝負だからね
大丈夫か？ 帰りに病院寄って診てもらえば
でも、病院に行ってインフルエンザだったら、大学休まないといけなくなるし……
そんなこと言っても健康が一番だし、周りにも迷惑かけるぞ

そうだね
もしインフルでも、診断書があれば、レポート作成で救済してもらえるって、先輩が言ってたよ
そうなんだあ
正直、これから授業はきついから、やっぱり今から病院行くことにする
ザ
ザ
カチャ…
風邪、長引いているみたいだけど大丈夫？
飲み物と果物買ってきたよー
ありがとう
正社員
就職情報
ずいぶん集めたねえ
就職のこと、しっかり考えてるんだあ
ううん
この前、大学のそばで、就活イベントの案内配っているの見たら、なんかもう焦ってきちゃって
まだ2年あるけど……

決まるまで何十社も回ったっていう先輩もいたよね
あ〜、やっぱりそうなんだ
一人だと落ち込んじゃうから、大学の「学生相談窓口」に連絡してみたら？
メールでも電話でもいいみたいだよ
なんか体調も悪いし、どんどん気が滅入るよー
そうだ
そんな窓口あったっけ？
新学期のガイダンスで紹介してた
医師、看護師、カウンセラー等がいて、暮らしや健康の相談に乗ってくれるって
そういうところに行くのって、なんか恥ずかしくない？
うーん
でも大学の窓口なら安心じゃない？
話を聞いてもらうだけでも楽になることもあると思うし

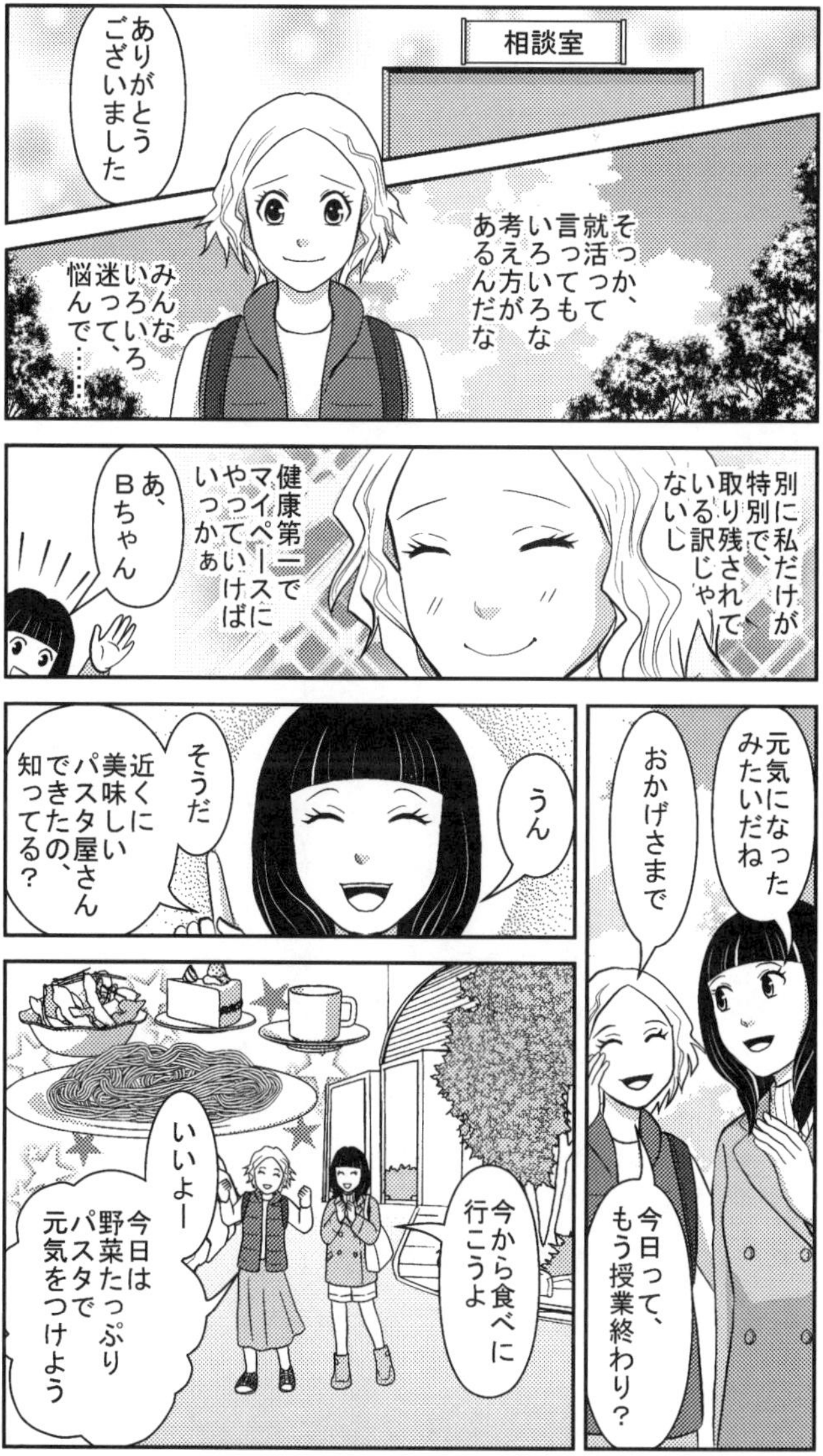
相談室
ありがとうございました
そっか、就活っても いろいろな 考え方が あるんだな
みんな いろいろ 迷って、悩んで……
別に私だけが 特別で、取り残されて いる訳じゃ ないし
健康第一で マイペースに やっていけば いっかぁ
あ、Bちゃん
元気になった みたいだね
おかげさまで
今日って、もう授業終わり?
うん
そうだ 近くに 美味しい パスタ屋さん できたの、知ってる?
今から食べに 行こうよ
いいよー
今日は 野菜たっぷり パスタで 元気をつけよう

26

病気・ケガ
――日常の中に潜んでいる病気・ケガのリスク

高校生の頃は、具合が悪くなったり、病気になったりすると、保護者が病院に連れて行ってくれたり、学校を休むこともあったでしょう。休むときには学校に連絡を入れないと、担任の先生から連絡が来ることがあったかもしれません。

大学生となると、講義を休んでいるからといって、大学や先生が心配して連絡してくることはありません。一人暮らしだったら介抱してくれる保護者もいないし、心細く感じることでしょう。新しく生活を始めた不慣れな地域であれば、なおさらかもしれません。でも、病気やケガは、必ずといっていいほど、みなさんが遭遇するリスクです。他人事では済まされない事態がみなさんを待ち受けていることを忘れないでください。

学生総合共済の2018年度の大学生の病気・ケガ・事故の報告データによると、給付支払件数として、精神障害を除く病気では、食道や胃、腸などの消化器系の疾患と気管支や肺などの呼吸器系の疾患が約55％と半数以上を占めています。平均入院日数は約9日となっています。

統合失調症、双極性障害《そうきょくせいしょうがい》、摂食障害などの精神障害は、病気の中では約5%ですが、平均入院日数は約53日と長くなっています。

また、ケガに関しては、スポーツ事故が最も多く約69%を占め、続いて交通事故が約19%、日常生活での事故が約12%となっています。なお、交通事故でケガをしたケースの約43%が自転車事故によるものとなっています。気をつけるようにしましょう。平均入院日数は、ケガの種類にもよりますが、約8日から28日程度と報告されています。

一方、大学生協のアンケート調査（学生生活実態調査、2019年）では、半年間で通院や入院を要する程度のものとして、病気にかかった人は約8人に1人、ケガをした人は約21人に1人と報告されています。病気やケガはみなさんに身近なものです。

各大学には、学生の健康面の管理のため、保健管理センターなどが設置されており、何か心配な点や不安があれば気軽に相談することができます。大学生協の学生総合共済に加入し、学生生活無料健康相談テレホンを利用してもいいでしょう。普段から最寄りの病院や、休日夜間対応のある救急病院などを事前に確認しておくことも重要です。

症状が重かったり、自分一人では対応しきれない場合は、119番に連絡して救急車を呼ぶ必要があるでしょう。救急車を呼ぶかどうか迷う場合は、総務省消防庁が設置している救急相談センター「＃7119」に電話しましょう。救急相談センターは24時間年中無休で、医師や看護師、相談員が対応し、問い合わせなどに答えてくれます。ただし、まだ限られた地域にしか展開されていないので、自分が住む地域で利用できるのかを確認しておきましょう。

危険を防ぐポイント

1. 自分の住まいの近くの病院、救急病院、救急相談センターを調べておこう
2. 大学の保健管理センター、相談窓口などを気軽に活用しよう
3. 大きな病気にかかったり、ケガをしてしまったら、入院や手術などに多大なお金が必要になるので、学生総合共済や傷害保険に加入しておくことも考えよう

27 感染症・インフルエンザ・麻疹
――基本的な生活習慣で防げるはずが…

学校感染症という言葉を聞いたことがありますか？　あなたの大学のホームページで検索したり、保健管理センターや相談窓口に聞いてみてください。学校で予防すべき感染症は、学校保健安全法施行規則などの法令で詳細に定められ、病気にかかった場合の対応、例えば出席停止期間なども示されています。

感染症は細菌やウイルスなどによって引き起こされ、人から人にうつって広く流行する病気です。麻疹《ましん》（はしか）やインフルエンザは、咳《せき》や鼻水、発熱といった、風邪に似た症状から始まります。麻疹はその後、高熱と発疹《ほっしん》が出ます。インフルエンザでは、高熱と一緒に、のどの痛み、頭痛、関節痛、筋肉痛などの全身の症状が突然表れます。

また、別の病気を併発して重症化する場合もあります。麻疹では、肺炎や中耳炎を併発しやすく、脳炎を発症する可能性があるといわれています。インフルエンザでは、子どもではまれに急性脳症を、高齢者や免疫力が低下している人では肺炎を併発して重症に至ることもあります。

　妊娠中に麻疹にかかると流産や早産を起こす可能性がありますし、インフルエンザにかかると重症化する場合があるといわれています。

　まず、自分で感染症を予防しましょう。また、もしかかってしまったら、重症化しないようにすること、他の人にうつさないようにすることが重要です。

　日常生活で、外出先から帰宅したら手を石鹸でしっかり洗い、うがいをするといった基本的な対策をきちんと習慣づけましょう。睡眠不足や無理な生活は体の抵抗力を弱め、病気にかかりやすくなるので注意が必要です。

　インフルエンザには、毎年流行が予想されるウイルスに対するワクチン接種が行われます。大学の保健管理センターや近くの病院などに問い合わせてみましょう。「ワクチン接種をしてもインフルエンザにかかった」という話も聞きますが、仮にかかったとしても重症化を防ぐことができます。

　流行した場合は、マスクを着用し、人ごみを避けるなど、感染者との接触の可能性を低くするなどの注意が必要です。

　万が一かかってしまったり、感染が疑われる場合は、授業を休み、外出を避けるなどして、ほかの人にうつさないようにしましょう。
麻疹や手足口病《てあしくちびょう》の流行は、海外でも話題になります。海外旅行や留学に行くときも、渡航先の感染症の発生状況や注意事項を確認してワクチン接種を受けるとともに、帰国時には検疫をきちんと受けましょう。

危険を防ぐポイント

1. 家に帰ったら、手洗いやうがいを面倒くさがらずにやろう
2. インフルエンザ流行時は、不特定多数の人が集まる場所へはなるべく行かないようにしよう
3. かかってしまったら、不必要に外出せず、他人にうつさないように心がけよう

28

食生活の乱れ
——偏った食習慣が将来に及ぼす大きな影響

大学生になると、外食が増えたり、一人暮らしで自分で食事を作らなければならなくなったり、サークルやアルバイトで食事の時間が不規則になったりするなど、食生活が大きく変わる人も多いと思います。ぎりぎりまで寝ていたいからと朝ごはんを抜いたり、つい自分の好きなものばかりを食べる偏食になったり、ほかのことに使いたいからと食費を削ったりする人もいるのではないでしょうか。

食生活の乱れは、集中力の低下や疲れやすさにつながり、大学生活に支障が出る場合があります。また、すぐに支障を感じることがなくても、長く続くと将来の健康に悪影響を及ぼすこともあります。免疫力が低下したり、骨が弱くなったり、貧血気味になったり、若い頃の不健全な食生活が10年後、20年後に肥満や高血圧、糖尿病などの生活習慣病につながることもあるので、十分に注意したいところです。

栄養の偏りをなくし、健康な体を維持するために、手軽なカット野菜や缶詰などをうまく利用しながら自炊をしたり、生協食堂で栄養バランスを考えてメニューを選んだりしてみましょう。食生活と体調の自己管理方法を身につけることは、自分のやりたいことのパフォーマンスを高め、社会を生き抜く力を高めることにもつながります。

なお、自分で食事を作るときなどには、食中毒にも注意する必要があります。食中毒は、年間で1000件以上発生しており、患者総数は2万人近くになっています。食中毒は、飲食店など外食で起こるイメージがあるかもしれませんが、家庭での発生も1割程度あります。また、気温や湿度が高い夏場だけでなく、冬場の発生が最も多いノロウイルスによる食中毒もあります。下痢や腹痛、体のだるさなどを伴い、数日間は安静を余儀なくされます。各大学の保健管理センターなどで、食中毒に関する注意事項をアナウンスしていますので、一度確認してみてください。

また、食事をほとんどとらなくなってしまう拒食症や、極端に大量に食べてしまう過食症などの摂食障害の問題も、見過ごすことはできません。少しくらいの食べ過ぎや食欲不振は誰しも経験があるものですが、こころの問題やストレスにより、これらの症状が病的になってしまった場合は摂食障害の疑いがあります。摂食障害は、放っておくとこころと体が衰弱し、死に至るような危険な病気です。しかも、本人はなかなか治療に納得してくれません。身近な人たちのサポートや理解が重要になります。
まずは自分がストレスを溜め込まないように心がけましょう。そして、もし周囲に食事をほとんどしない人や極端に食べてしまう人がいたら、大学の保健管理センターに相談することを勧めてみましょう。

危険を防ぐポイント

1. いろいろな食べ物を組み合わせ、バランスのよい食事を一日3回とろう
2. キッチンでは手洗いや清掃を心がけ、食品にはしっかり火を通そう
3. 周りに病的な過食や拒食をする人がいれば、理解とサポートを

29

キャンパス・ハラスメント

――気づかぬうちに加害者になっていることも

大学に入ると、高校生活とは違って、同じ学年やクラスに同年齢の人ばかりがいるわけではありません。サークルやクラブ活動でも、先輩、後輩といった上下関係が生じるものです。このような先輩、後輩といった上下関係を利用して嫌がらせをすることをパワー・ハラスメント（パワハラ）と呼びます。

大学生活では、サークル活動やアルバイトなどを通じてさまざまな年齢・性別の人と接触する機会も多くなります。そんな中で、相手の意思に反して、不快または不安な状態に追い込むような性的な質問や言動をしたり、性的な嫌がらせをすることをセクシャル・ハラスメント（セクハラ）といいます。

ゼミ、研究室なども始まり、特定の教職員といつも決まったメンバーで、研究室やゼミ合宿などの多くの時間を共有し、卒業論文などの指導を受けることになります。このような環境の中で、教職員が学生に対して、その地位や人間関係を利用して嫌がらせをするのはアカデミック・ハラスメント（アカハラ）になります。
大学生活の中で行われるこういったハラスメント行為を、総称してキャンパス・ハラスメントといいます。

教員から学生へのハラスメント行為としては、例えば次のようなケースがあります。

●特定の学生に研究指導をしない
●研究内容や専攻の変更を一方的に強要する
●理由なく論文を受領しない
●進学、就職などに必要な書類（推薦状など）を作成しない
●男性教員が実験室で指導中に女子学生の肩を抱く
●教員が教え子に好意をほのめかすメールや手紙を数十通送る

サークル活動における何気ない会話にもセクハラは潜んでいます。「彼女、いる？」「もっと女らしい服を着たほうがいいよ」「男のくせに」「女なんだから」……こうした言葉も、場合によってはセクハラになる可能性があります。

セクハラというと男性から女性に対するものというイメージがあるかもしれませんが、女性から男性に対するものもあります。また、異性に対してだけでなく、同性に対するものもあります。女性からのボディタッチや、飲み会で男性同士での身体的なことのからかいなどもセクハラになる場合があります。

被害に遭ったり、不安を感じた場合は、次のように対応しましょう。

●些細な不快感であっても相手に伝える
●不安を感じたら相手と二人きりになるような状況を避ける
●信頼できる人や、大学または行政の相談窓口に相談する

ときには、気がつかないうちに自分が加害者になっているかもしれません。

自分にとって冗談や親しみを込めた表現のつもりであってもセクハラとなる場合もあります。相手に不快感を与えていないか、傷つけていないか、一人の人間として相手のことを考え、常に自分を省《かえり》みるよう心がけて行動しましょう。

自分が被害者になった場合だけでなく、友人が嫌がらせを受けていると思われるとき

は、加害者に注意して被害者の相談に乗ってあげましょう。

各大学では、キャンパス・ハラスメントを防止するためにさまざまな活動を展開し、学生や教員、職員への周知、啓蒙活動を推進しています。自分の大学のホームページを見てみましょう。いろいろな情報や、大学の相談窓口などが紹介されているはずです。

被害者として窓口に足を運ぶことを躊躇《ちゅうちょ》する学生もいるかもしれません。一人で抱え込んで泣き寝入りして、退学を決意してしまう場合もあると考えられます。そんな友人に気づいたら、相談窓口に一緒に行ってあげてもいいでしょう。

相談窓口は、被害者に代わって第三者からの相談も受け付けています。

危険を防ぐポイント

1. 自分がハラスメント行為をしていないか、相手のことを傷つけていないか、自らを省みるようにしよう

2. 被害に遭ったら一人で抱え込まずに、友人や大学の相談窓口などに相談しよう

3. 友人が被害に遭っていたら相談に乗ってあげよう

30 こころの不調

——溜め込んだストレスが取り返しのつかないことに

現代はストレス社会であり、大学生にとってもこころの健康作りは身近な問題になっているといえるでしょう。

大学生のストレスを学生総合共済の学生生活無料健康相談テレホンに寄せられる相談内容から見てみると、1年生では「大学生活が思い描いていた期待と違っていた」「高校とは異なる友人関係に戸惑い、周囲に溶け込むことができない」「初めての一人暮らしで不安」など、理想と現実のギャップや新しい環境への不適応にストレスを感じる傾向があります。

2、3年生になると、今後の就職活動に対する不安や、現在抱えている精神疾患による留年や休学、4年生では就職活動がうまくいかずに自信をなくし、焦燥感や初めて経験する挫折感にさいなまれ、ストレスが不眠などの身体症状に表れる傾向があります。

こうしたこころの不調が日常生活に影響を与えているケースにとどまらず、大学生の死亡の原因の約半数が自殺であり、病気や交通事故での死亡よりはるかに多いというデータもあり、大学生の深刻なメンタル問題が浮き彫りになっています。

こころの不調からくる病気を予防するためには、ストレスについて基礎知識を持ち、普段の生活で自分なりにストレスを解消する方法を考えておくことが大切です。

また、こころの病気は誰でもかかる可能性があり、治療が必要な「病気」であることを理解しましょう。

こころの病気には、うつ病、統合失調症、パニック障害、強迫性障害、アルコール依存症、薬物依存症などいろいろな種類があり、人によってさまざまな症状が見られます。こころの不調が続いたり、日常生活に影響が出ているようなら、医師に相談しましょう。相談するのは恥ずかしいことではありません。

こころの病気を専門にする診療科としては、精神科、精神神経科、心療内科などがあります。どの病院にかかればよいか迷ったときや、いきなり病院にかかるのが不安なときは、まずは大学の保健管理センターや学生相談室、学生生活無料健康相談テレホン、各自治体の精神保健福祉センターや保健所などに相談してみるとよいでしょう。こころの病気は早めに治療するほど重症化や慢性化を防ぐことができるので、早期の対応を心がけましょう。

最近は、インターネットや本などでうつ病かどうかを簡単にチェックできるリストが紹介されていますが、素人が自己診断することは正しい診療を受ける機会を遅らせる恐れがあるので、注意が必要です。

こころの不調は、本人が気づかなかったり、不調には気づいても、こころの病気だと思っていない場合もあるので、周りで日常生活に影響が出ている人がいたら、声をかけて話を聞いてあげましょう。また、自分たちだけで解決しようとせず、専門の医師や専門家に相談することを勧めることも大切です。

危険を防ぐポイント

1. ストレスについて知り、普段から自分のストレス解消法を工夫しよう

2. こころの不調が続いたり、こころの病気かなと思ったら、早めに医師や専門家に相談しよう

3. うつ病は誰でもかかる可能性があること、治すことができる病気であることを理解しよう

○こころの病気の初期サイン

【自分で気がつくこころの不調】
気になる症状が続くときは、専門機関に相談しましょう

□気分が沈む、憂うつ □何をするにも元気が出ない □イライラする、怒りっぽい □理由もないのに、不安な気持ちになる □気持ちが落ち着かない □胸がどきどきする、息苦しい □何度も確かめないと気がすまない	□周りに誰もいないのに、人の声が聞こえてくる □誰かが自分の悪口をいっている □何も食べたくない、食事がおいしくない □なかなか寝つけない、熟睡できない □夜中に何度も目が覚める

【周囲の人が気づきやすい変化】
以前と異なる状態が続く場合は、体調などについて聞いてみましょう

□服装が乱れてきた □急にやせた、太った □感情の変化が激しくなった □表情が暗くなった □1人になりたがる □不満、トラブルが増えた □独り言が増えた	□他人の視線を気にするようになった □遅刻や休みが増えた □ぼんやりしていることが多い □ミスやもの忘れが多い □体に不自然な傷がある

出典「厚生労働省　知ることからはじめようみんなのメンタルヘルス総合サイト」
https://www.mhlw.go.jp/kokoro/first/first03_1.html

31

ひきこもり
――就活がきっかけのひきこもりが増えている

「ひきこもり」になっている若者や子どもの人数は、内閣府の調査（2015年）では54・1万人と推計されています。これは「普段は家にいるが、近所のコンビニなどには出かける」「自室からは出るが、家からは出ない」「自室からほとんど出ない」という「狭義のひきこもり」（17・6万人）と、「普段は家にいるが、自分の趣味に関する用事のときだけ外出する」という「準ひきこもり」（36・5万人）を合計した人数です。

ひきこもるようになったきっかけは、「不登校」「職場になじめなかった」が最も多く、以下、「就職活動がうまくいかなかった」「人間関係がうまくいかなかった」「病気」「大学になじめなかった」と報告されています。

大学生のみなさんが大きな関心があり、また不安でもあるのが「就職活動」だと思いますが、この調査からもわかるとおり、就職活動がうまくいかなかったり、いざ就職しても職場になじめなかったりという理由で「ひきこもり」になる人も少なくありません。

就職ができるかという不安もさることながら、自分が仕事を続けられるかという不安や、「就活失敗は許されない」「一度会社を辞めたら、やり直しがきかない」というプレッシャーを感じている人も多いようです。

ひきこもりになった人やその家族は、社会から孤立し、安心して過ごせる場所や自分の役割を感じられる機会が少なく、非常につらい状態にあることでしょう。

もし「ひきこもり」の状態になってしまったら、その悩みを抱え込まず、都道府県や政令指定都市に設置された「ひきこもり地域支援センター」などに相談してみましょう。また、ひきこもりの当事者の集《つど》いや家族会、ひきこもりの解決を支援するＮＰＯなどが活動していますので、その力を借りてみるのもよいでしょう。

危険を防ぐポイント

1. あまり過度なプレッシャーを自分にかけないように心がけよう

2. 「ひきこもり」の状態から抜け出したいと考えられるようになったら、専門家に相談しよう

32 自殺
——1日1人の大学生が命を絶っている原因

全国の年間の自殺者数は、1998年から2011年まで14年連続で3万人を超え、深刻な社会問題となっていましたが、2012年以降は3万人を切って減少を続けており、2018年では2万840人となっています。大学生でも、2014年の433人から2018年では336人と、同様に減少し続けています。

しかし、大学生が含まれる15〜24歳の死因の第1位は「自殺」であり、第2位の「不慮の事故」の2倍以上となっています。また、先進国（G7）で若年層の死因の第1位が「自殺」となっているのは日本だけで、深刻な状況は続いています。

学生総合共済のデータによると、加入者、すなわち学生本人の死亡が132人となり、その中の4割以上の64人が自殺での死亡と報告されています。自殺での死亡について、学年別では4年生、院生の数が非常に多く、また、男性の割合が非常に高くなっています。

自殺には進路や将来への悩み、学業不振、就職の失敗、健康上の問題、交際や友人関係の問題などさまざまな要因がからんでいて、学生個人が悩みを抱え込んでしまうケースが多く、近年ではＳＮＳ上での陰湿ないじめや、いわゆる「デジタル・タトゥー」（インターネット上に一度公開された書き込みは完全に取り消すことができないこと）などを要因とするケースもあります。

みなさんも、もし頭の中に自殺のことがよぎるようなことがあったら、「私は一人ではない」ということを思い出し、家族や友人に話を聞いてもらいましょう。また、大学や学生総合共済をはじめ、お金、健康、進学、就職、いじめなど、みなさんが抱えているいろいろな悩みを聞き、解決に導いてくれる多くの相談窓口が用意されています。そのような場を利用することで、状況がよくなるかもしれません。

相談できずにいると、うつ病などに発展し、ますます悪循環に陥ってしまいます。もし、こころの病気かもしれないと感じることがあったら、早めに医師に相談しましょう。

自殺する学生の周りには、大きな衝撃を受ける家族、友人たちがいることも忘れてはいけません。こうした人たちへの迅速なケアもとても大切なことといえます。

もし、周囲に悩みを抱えて苦しんでいる人がいたら、医師や専門家が手を差し伸べてくれる相談窓口があることを教えてあげるといいでしょう。そして、友人として寄り添い、見守ってあげてください。

◎SNS相談（LINE・チャットなどで相談ができます。悩みを相談してみませんか）（厚生労働省）
https://www.mhlw.go.jp/stf/seisakunitsuite/bunya/hukushi_kaigo/seikatsuhogo/jisatsu/soudan_sns.html

◎電話相談：こころの健康相談統一ダイヤル　0570−064−556（厚生労働省）
https://www.mhlw.go.jp/stf/seisakunitsuite/bunya/hukushi_kaigo/seikatsuhogo/jisatsu/soudan_tel.html

危険を防ぐポイント

1. 自分が死んだら、大きな衝撃を受け、悲しむ人が必ずいることを認識しよう
2. こころの病気のサインに気づいたら、早めに医師に相談しよう
3. 深刻な悩みを抱えたら、相談窓口や専門家に相談しよう
4. 周囲にこころの悩みを抱えている人がいたら、やさしく寄り添い、相談窓口があることを教えてあげよう

33

妊娠・性のトラブル
——大切なパートナーを傷つけないために

大学生になると、これまでより自由な時間が増え、人と出会う機会が広がることで、恋人ができて充実した生活が送れると楽しみにしている人もいるでしょう。恋人とのコミュニケーションの中で、性に関することはなかなか話し合いづらいかもしれませんが、正しい知識を持ち、相手のこと、自分のことをしっかり考えて人間関係を築いていくことがとても大切です。

学生総合共済の学生生活無料健康相談テレホンには「安全日にエッチしたのに生理がこない。妊娠したのか」「ちゃんと避妊できているか心配。正しい方法を知りたい」「セックスによるＨＩＶの感染率を知りたい」などという相談が入ります。

性行為には必ず妊娠の可能性がありますが、正しい知識を持って避妊をしなければ、望まない時期に妊娠したり、させたりしてしまい、大切なパートナーのこころと体を深く傷つけることになりかねません。女性は恥ずかしがらず避妊の意思を伝えること、男性は積極的に避妊に取り組むことが大切です。

お互いに相手を思いやる気持ちを大事にしましょう。

また、性行為でうつる性感染症はかかったことに気づきにくいため、知らないうちにうつしたり、うつされたりする恐れがあります。コンドームを正しく使うこと、不特定の人と性行為をしないことで、性感染症は予防できます。また、ほとんどの性感染症は検査でわかり、早く発見して治療すればきちんと治ります。気になったら、すぐ泌尿器科や皮膚科、産婦人科に相談しましょう。

こうしたパートナーとの関係だけでなく、女子学生には生理痛や生理不順、乳房の異常など、周囲に相談しにくい女性特有の悩みや体の変調が起こることがあります。

学生総合共済のデータによると、女子の腫瘍《しゅよう》・泌尿器生殖器の疾患は、いずれも男子の約2倍の発症率であることがわかっています。子宮内膜症や卵巣のう腫などは、10代後半から患者が増加する病気で、自覚症状がない場合、検査で偶然病巣が見つかり、そのまま手術に至ることも少なくありません。

気がつかないうちに進行して治療が遅れると、取り返しがつかなくなってしまう病気もあります。不安なことがあったら早めに医師に相談して必要な治療を受けること、定期的に検査を受けることが大切です。
どの病院にかかればよいか迷ったときや、いきなり病院にかかるのが不安なときは、大学の保健管理センターや、医師・看護師などに気軽に相談できる学生生活無料健康相談テレホンを活用するとよいでしょう。

危険を防ぐポイント

1. 性に関する正しい知識を持ち、望まない妊娠や性感染症を予防しよう
2. 女性特有の病気は自覚症状がないこともあるので定期的に検査を受けよう
3. 体の変調があったら、早めに医師に相談しよう

34

ドラッグ
——「1回ぐらいは」ですまされない大きな危険

タレントや有名人が、大麻や危険ドラッグ、覚せい剤などで逮捕されるニュースがあとを絶ちません。大学生だからといって、関係ない世界だと甘く考えていてはいけません。ネットを利用して大麻や危険ドラッグが手に入りやすくなり、薬物汚染が大学生にも広まってきている実態が心配されています。

警察庁による2018年には、覚せい剤や麻薬、大麻などで検挙される人数は近年横ばいである中、大麻での検挙人数が前年に続いて過去最多を更新し、その中でも20歳前後の若年層での増加が突出しています。初犯者率が高いという特徴もあります。

大麻を所持することや栽培するのは犯罪です。大麻を使用すると、うつ病や統合失調症などを患う可能性が高くなるというデータや、重度の精神疾患に進展して自殺の可能性が数倍に跳ね上がるとの報告もあります。法律違反として逮捕された場合は、社会的に大きな責任を負うとともに、家族や友人など、周りにも迷惑をかけることになります。大麻は依存性や体への害が少ないとか、海外では合法な国もあるのでたいしたことはないなどと考えてはいけません。大学生になると外国人と触れ合う機会が増え、留学するケースもあり、海外で軽い気持ちで体験して日本に持ち帰ってしまうようなことも考えられるので、注意しなければいけません。

危険ドラッグを吸引して、事故を起こしたり、亡くなってしまう事件も増えています。「合法ハーブ」などと称し、「ハーブ」「お香」「バスソルト」などと用途を偽装して販売されていても、覚せい剤や大麻などと同様の悪影響をおよぼす危険があり、違法な薬物であることに変わりはありません。

大麻や危険ドラッグの大きな危険は、薬物依存症になってしまうことです。薬物依存症になってしまったら、家族や個人では、もうどうしようもありません。専門的な治療を長期間にわたって受けながら、少しずつ治していかなければなりません。

また、市販の咳止め薬や風邪薬の一部も過剰摂取すると依存症が起こりえます。最近では、10代の薬物依存患者の4割は市販薬への依存という調査結果もあります。

「就活の悩みや勉強の疲れから現実逃避したい」「やせたい」「パーティーで盛り上がりたい」などの理由や、「1回ぐらいは」といった軽い気持ちや好奇心で手を出さない自制心を持ち、甘い言葉に乗せられず、先輩や友人から勧められてもきっぱり断ることが大切です。

その先に潜んでいる大きな危険を十分に認識してください。

危険を防ぐポイント

1. 大麻や危険ドラッグは、使用することも、持つことも犯罪です
2. 軽い気持ちで手を出したら、身を滅ぼし、家族や周りの人を不幸にします
3. 薬物は中毒性があり、社会復帰には多大な苦労と長い時間を必要とします

第5章

起こってからでは遅過ぎる！

自然災害や事故…大学生が陥りやすい事態

ピッ…
天然水
ありがとうございました
ガタン
ガタン…
ZZZ…
えっ!?
<緊急地震速報>
震度6弱　8秒前

キキキ
ガタン
わあーー！
緊急停止します
つり革手すりにおつかまりください！
ガタガタガタ…
収まってきた、
すごい揺れだったな

外は大丈夫かな、ここからじゃよくわからないな……
ブーーッ
●●区　震度６強
▲▲市　震度５強
この辺は震度６強だ！自宅も震度５強
お母さんは大丈夫かな？
お父さんの会社も震度６強かな？
線路上の安全を確認しているのでお待ちください…
ゾロ…
ゾロゾロ
ゾロ…
ゴクン
ゴクン
中央駅か……
とりあえず大学に近いから行ってみるか…
ブーーッ
ブーーッ
帰っておいで！

駅や近くのビルは大丈夫だったのにこの辺りはなんだか被害が大きいな…
戻ったほうがよかったかな……
ガシャーン
うわ、また余震だ！
ダッ
危なかった……この建物新しく見えるのに……
ブーッブーッ
今どこ？お父さんは会社にいるよ！
火事だ！

まずいなぁ
他の道を
探さなきゃ
あれっ!?
スマホの反応が…
15%
電波が
悪いのかなぁ
バッテリーも
切れそうだし
近くに
コンビニが
あれば
いいけど
水も流せないし
手も洗えないけど
助かったぁ〜
WC
水は売り切れ
だけど
バッテリーは
あったし
え、
IC使え
ないの!?
停電で……
現金でお願い
してるんです
ガクッ…
お金おろして
なかった……

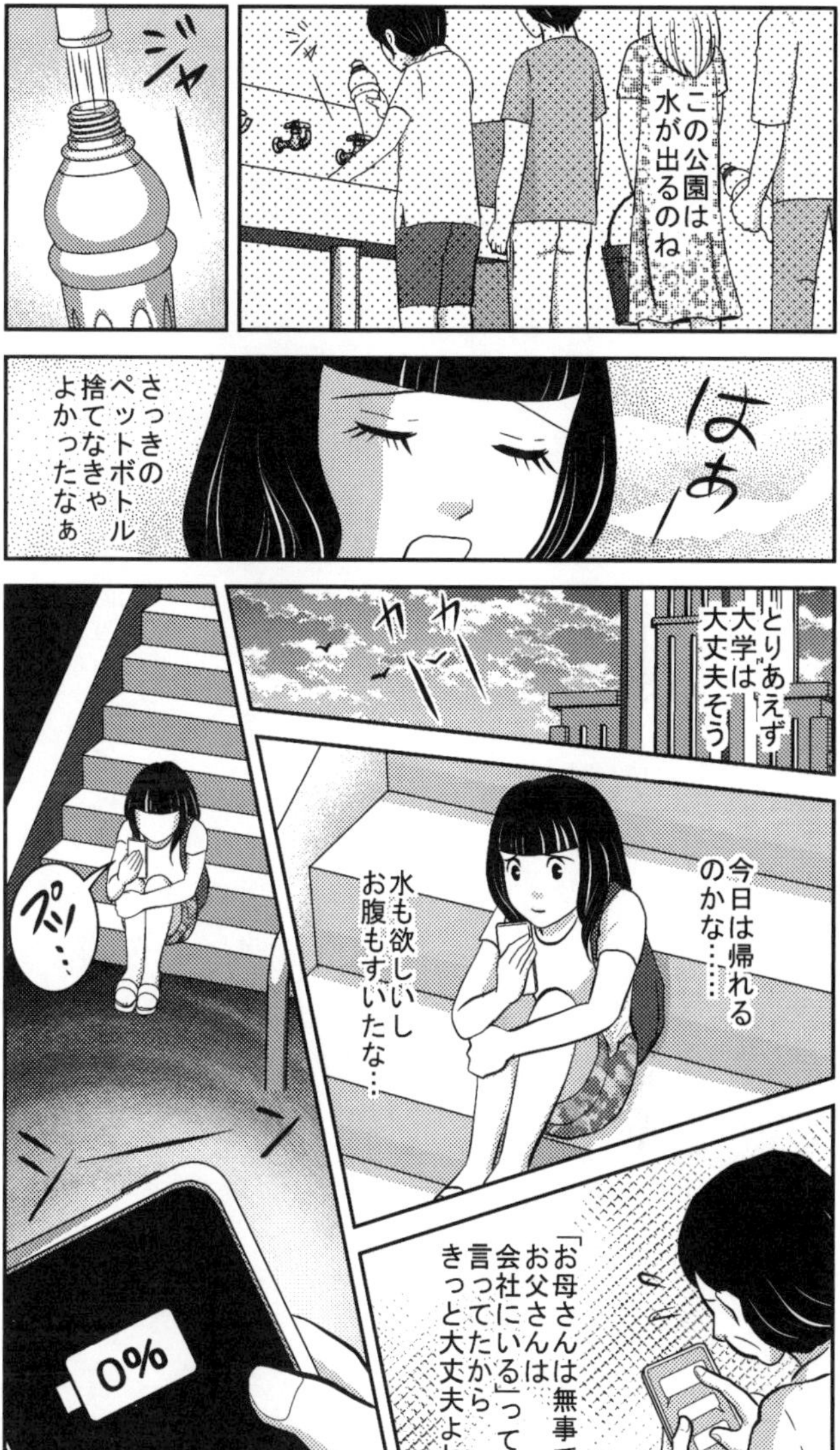
ジャ
この公園は水が出るのね
ジャ
はぁ
さっきのペットボトル捨てなきゃよかったなぁ
とりあえず大学は大丈夫そう
カァ
カァ
今日は帰れるのかな……
水も欲しいしお腹もすいたな…
プツ…
「お母さんは無事でお父さんは会社にいる」って言ってたからきっと大丈夫よね
0%

35

大雨・台風・竜巻
――「私は大丈夫」という過信が命を奪う

最近の大雨や台風のニュースで、次のようなキーワードを見聞きしたことはありませんか?

「警戒レベル」「大雨特別警報」「記録的短時間大雨情報」「土砂災害警戒情報」「避難勧告」……。

近年、短時間に非常に強い雨が集中して降ったり、長時間にわたって大雨が降り続いた結果、洪水や土砂崩れが発生する災害が繰り返されています。2018年7月の豪雨(西日本豪雨)では、広い範囲で、長いところでは1週間以上にわたって大雨が降り続き、岡山県や愛媛県などで大きな被害となりました。

また、強風にも注意が必要です。2018年9月の台風21号では、関西地方で電柱が折れて停電となったり、タンカーが漂流して関西空港との連絡橋に衝突する被害がありました。2019年9月の台風15号では、千葉県内で送電塔が倒壊して停電が続いたほか、多くの家屋で屋根が吹き飛びました。

こうした風水害は、事前の情報を得て安全な場所に避難することができます。しかし、実際にニュースで「大雨が降ります」といわれても、なかなかすぐに避難しようと決心することは難しいでしょう。

そこで、2019年から天気予報と併せて「警戒レベル」が発表されることになりました（警戒レベル「4」は、市区町村が「避難勧告〈避難してくださいというお願い〉」を出すレベル）。もし、警戒レベル4以上になったときは、近くの指定緊急避難場所か、浸水や土砂崩れの心配がない建物内（自宅でもよい）にとどまるようにしましょう。

急に天候が変わる「ゲリラ豪雨」では、線路や道路をくぐるアンダーパスが冠水して、通り抜けようとした乗用車が動けなくなってしまうことがあります。また、冠水した道路を歩く際も、マンホールの蓋《ふた》が外れていて落ちてしまうことがあるため非常に危険です。注意しましょう。

「竜巻」は事前に予測が難しいですが、もし近くで起こった場合は、建物の窓や外壁から離れ、カーテン、ブラインドを閉めましょう（ガラスが割れても飛散を防止できます）。

スマートフォンを使えば、水害時に避難すべき場所、ゲリラ豪雨や台風の際に注意すべきことなどを調べることもできます。さらに、数時間後に雨が降るかどうかの予測を見ることもできます。台風や大雨でなくても、普段からこうした情報に触れ、適切な行動を考える「クセ」をつけておくことも大切です。

危険を防ぐポイント

1. スマートフォンで、数時間後の雨雲の様子を見ておこう
2. 自宅が洪水や土砂災害の可能性がないか、住んでいる市区町村のホームページで確認してみよう

36

地震・津波
――日頃の準備でリスクは減らせる

2011年3月11日の東日本大震災、2016年4月の熊本地震では、大学生も被災しました。日本はいつでもどこでも、それこそ明日にでも大地震が起こりうる「地震大国」であるというのが現実です。

2018年9月には、北海道で大きな地震が発生しましたが、揺れがそれほど大きくなかった地域でも数日間、停電となりました。事前に対策はしていても、災害時には思ってもみなかったことが起こります。ケガや命を落とすことがないようにするとともに、停電など非常事態が起こったときに備えておくことも大切です。

例えば、自宅が地震で壊れたりしないよう、耐震診断や耐震補強について調べて、両親と相談してみてはどうでしょうか。一人暮らしをする際のアパートも、できるだけ新しい建物を選んだり、家具が倒れないようにする「転倒防止」の器具の付け方なども知っておくと役立ちます。

そのほか、地震の際に、家の中なら家具や照明器具、屋外ならブロック塀や看板など、倒れたり落下してくるものに気を配り、津波や火事から無事に逃げるための「避難場所」までの道を実際に歩いてみて、素早く避難できるようにしておくことも大切です。停電や断水に備えて、手回し型やソーラー発電型のスマートフォンの充電器を用意したり、簡易トイレを用意して、年に一回ぐらい使ってみると安心です。

こうしたことは、スマホで検索するだけですぐにヒントが見つかります。そして、日頃から地震や津波から身を守る術《すべ》を、家族や友人などと話し合っておきましょう。

危険を防ぐポイント

1. 自宅の耐震診断や耐震補強について調べてみよう
2. 家の中では高いところにはあまりものを置かず、重いものは固定しよう
3. 自宅や学校など、よく行く場所の周辺を歩いてみて、地震や津波から身を守れる場所を確認しておこう
4. 水や保存食、簡易トイレ、発電グッズなどの防災用品を用意。年に1回は使ってみよう

37 災害時の情報活用
——スマホでここまで安全を確保できる

今日、スマートフォンでどんな情報を入手しましたか？

一日のスケジュール、電車の時刻、授業でわからなかった単語の検索、夕方のニュース、スポーツの結果、もちろん友人や家族とのＬＩＮＥやメール……。

そのほかに、災害から自分と大切な人の身を守ってくれる情報もあるので、普段からそういった情報を取得する手段を知っておきましょう。

みなさんのスマートフォンには「防災アプリ」は入っているでしょうか。入っていなくても、天気予報などのｗｅｂページで、今後の雨の予想や、警報・注意報が出ている範囲、地震が発生した場合の震度などを地図で見たことがあるのではないでしょうか。

地球温暖化で異常気象が発生しやすくなっているといわれていますが、天気予報の精度もどんどん上がっています。〝あなたがいまいる場所が数時間後に大雨となりそう、しかし雨は1時間ほどでやみそう……〟ということがわかれば、少しの間、駅やカフェなどで時間をつぶして、安全になってから移動しよう、という無理のない予定を考えることもできます。

外出中に地震や洪水に遭い、安全な場所を探したいというときも、いまでは市町村がホームページで避難所の場所を周知することが当たり前になってきています。

何より大切なのは、あなたが自分で自分の身を守り、無事であることを家族や友人にいち早く伝えることです。心配した家族が災害現場に来てしまうことがないよう、メールやSNS、あるいは「災害用伝言板サービス」を利用して「私は無事です、心配しないで」と伝えるようにしましょう。

このようにスマートフォンを災害時に使い続けるためには、バッテリーがまず必要です。持ち物が少々重くなるかもしれませんが、緊急時のために予備のバッテリーを持っておきましょう。また、通信環境が途切れた場合は、自治体のインターネット回線や、災害用の無料Wi-Fi（00000JAPAN）などが利用できることがあることも知っておきたいものです。

ただし、インターネットを介して得られた情報の中に、デマや誤報がないとは限りません。とくにSNSなどで情報を拡散する場合には、自分の目や耳で確かめた情報も合わせて、落ち着いて判断してください。

危険を防ぐポイント

1. スマートフォンのバッテリー（重いがソーラー型もある）を持ち歩こう
2. 災害用伝言板の使い方、災害時の安否確認の仕方について、家族や大切な人と決めておこう

38

火事
——冷静な判断をするために身につけたい最低限の知識

全国的に、火災の発生件数、火災による死傷者数は減少し続けています。ＩＨなどの普及、コンロやストーブなどの自動消火装置の高性能化、住宅の火災報知器設置の義務化など、火災を防ぐさまざまな対策によるところが大きいようです。

しかしながら、２０１９年に京都市で発生したアニメ制作会社の放火事件では、短時間に燃え広がった火災で数十名の方が命を落としました。また、過去にはスプリンクラーなどが設置されていない宿泊施設や福祉施設で火災が発生し、消火や救助が遅れて多くの人が命を落とす火災も過去に起こっています。予想もしない火災に遭ったとしても、命だけは守れるよう、冷静な判断ができるための最低限の知識が必要です。

火災で重要なのは初期消火です。スマホで検索すれば、消火器の使い方はホームページや動画で確認できます。できれば、近所の消防署や町内会の防災訓練のイベントで、実際に消火器を使ってみることをお勧めします。

火災で恐ろしいのは、一酸化炭素中毒で、数回の呼吸で意識を失うこともあります。火災のときでなくとも、火気を使用する場合は、窓を開けたり換気扇を回すなどして、室内を十分に換気することを心がけましょう。ガス給湯器の不完全燃焼や、外出先などでの七輪や火鉢など、室内で炭を使う場合、とくに換気が重要です。初めて行く大規模な建物（ホテルやホール、ビルなど）では、まず避難経路を確認しておくようにしましょう。

なお、自分が住んでいるアパートなどで、あなたの不注意により火事を起こしてしまうと、あなた自身に生命の危険が及ぶのはもちろんですが、損害賠償や、自分のケガで医療費が必要になるなど、大きな出費となることが考えられます。

また、近所で起きた火災で、家財道具が燃えたり、水や消火剤がかかって使えなくなった結果、新しく買い直す必要が出てくるかもしれません。

火災に備えて、大学生協の学生総合共済や火災保険に入っておくのも一手でしょう。

危険を防ぐポイント

1. ネットで初期消火の仕方を知っておこう
2. 火気の使用時は、換気と後始末をしっかりしよう
3. 大きな建物では、避難経路を確認する習慣をつけておこう

39

災害時のボランティア
——大学生の力は貴重。だけど、はやる気持ちがときとして…

災害のあとは、後片付けや避難所での物資配布などでボランティアが活躍します。一人の力は小さいかもしれませんが、多くの力が集まることで、一日でも早い復旧・復興の手助けとなります。もし、時間と体力が許すなら、災害時のボランティア活動に参加するのは素晴らしい行動です。

ただし、ボランティアをする際には、「自分」と「被災地」にリスクがあることも頭に入れておいてください。はやる気持ちもあるでしょうが、準備がとても大切なのです。テレビやｗｅｂのニュースを見て、被災地では多くの人が困っていると感じたとします。でも、まずは「ボランティア募集がされているかどうか」を確認してください。とにかく行ってみよう、という思いに駆られるかもしれませんが、被災地ではまだ復旧活動に入る準備が整っていないかもしれませんし、もしかすると危険が去っていないということも考えてみましょう。

そして、ボランティア活動で最も大事なことは「自分のことは自分でする」ことです。交通手段や宿泊場所、食事の確保はもとより、暑さ・寒さに応じた服装、軍手やマスクなどの装備も自分で用意しましょう。もしものケガに備えて、「ボランティア保険」への加入も必要です。現地での事務手続きを避けるため、必ず出発前に加入しましょう。ネットでも手続きは可能です。

ボランティア活動に一生懸命になるあまり、自分がケガをしたり病気になってしまっては元も子もありません。そういうことがないように、自分には無理だと思う作業があったり、体調に不安があれば、その場で活動をやめる勇気も必要です。

また、現地では「がんばって」はNGワードです。被災者はとてもがんばっています。

危険を防ぐポイント

1. 行く前に受け入れ状況を確認しよう。現地に入れなかったり、食料がない場合もある

2. 受け入れがあるなら、十分な準備をしよう。必要な準備は、ボランティア団体が情報発信している

40

外出先での事故・災害
——「ちょっとした心がけ」が明暗を分ける

旅行先でホテルが火事になったら……ゼミでフィールドワーク中に地震や大雨、火山の噴火に遭ったら……学校からの帰宅途中、酔っていたり、スマートフォンを見ながら歩いていて駅のホームから落ちてしまったら……。考え過ぎでしょうか？

しかし、街中で自動車が暴走したというニュースはあとを絶ちません。２０１６年1月に起きた「軽井沢スキーバス転落事故」のように、思わぬ事故で、多くの前途ある大学生が命を落としたり、大ケガをした例もあります。

こうした外出中の思わぬ事故や火災、自然災害が起こってしまったとしても、大学生のみなさんの命を守ることはできないものでしょうか？

スキーバスの事故では、シートベルトをしていて命は助かった、という体験を話してくれた大学生がいました。飛行機であればスタッフの方が確認してくれますが、バスやタクシーでは自分で確認することが大切です（とくに高速道路を走るときは）。

街中で、いきなり自動車が突っ込んできたら、避けることは難しいでしょう。でも、車の音や悲鳴などが事前にきちんと聞こえさえすれば、命だけは助かる可能性もあります。逆に、スマホやヘッドホンの音楽にばかりに気を取られていると、そういったサインに気づくのが遅れて大事を招いてしまうことになりかねません。

店舗やホテルの火災で、火災報知機やスプリンクラーがうまく作動しなかったり、避難経路が荷物で塞がれていて逃げようがなかったケースもありました。自宅マンションや大学構内はもちろん、旅行先のホテルや食事・買い物に行ったお店でも、火災時にすぐ避難できるよう、非常口の位置や、階段にものがいっぱい積まれていないか、ぐらいは確認しておくクセをつけたいところです。

これらは「ちょっとした心がけ」です。少しでもリスクを避け、自分の命を守るためと考え、外出時には思い出してみてください。

危険を防ぐポイント

1. 外出時、ときにはスマホやヘッドホンから目や耳を離し、注意を払おう
2. 危険回避や避難に備えたちょっとした心がけを励行しよう

41

交通事故
——小さな油断が大きな後悔に。あおり運転に遭ったときには

大学に入って車やバイクの免許を取る人も多いでしょう。自動車やバイクでのドライブやツーリングは貴重な体験ですし、通学の足として欠かせない大学もあります。レンタカーはもちろん、カーシェアリングも一般化してきており、車を持っていなくても、運転する機会は増えてきます。

免許を取った大学生が、自動車やバイクを「自ら運転する」立場でまず注意すべきは、加害者となるリスクです。被害者に多大な損害を与えてしまい、最悪の場合、死亡させてしまうこともあります。損害賠償などの金銭的負担も非常に大きなものとなります。

自動車を購入する場合は当然ですが、譲り受けたり、借りたりする場合（レンタカーはもちろん、家族の間でも）、自分が対象となっている保険に必ず加入しましょう。元の持ち主や、両親の運転が前提となった保険のままだと、万が一あなたが事故を起こした場合に「補償の対象外」となってしまいます。

近年、社会問題となっている「あおり運転」や、猛スピード・逆走、飲酒運転などの危険な車両に出くわすこともなくはありません。こうしたリスクがある車両からは離れる、もし巻き込まれたとしても無視して助けを求めるなど、大きな事故につながるのを避けることを第一に考えてください。

もちろん、自らがそうしたドライバー・ライダーにならないために、いつも以上に自制心を持って、注意深く運転をしましょう。自動車やバイクの運転は法律に基づいた行為ですから、飲酒運転や無免許運転、あおり運転などは「違法行為」です。

「このくらい大丈夫」「自分は平気」と、気が大きくなってしまわないように気をつけましょう。

危険を防ぐポイント

1. レンタカーを交代で運転するときでも、家族の車を借りるときでも、自分が補償対象となる保険に加入しよう

2.「飲酒運転」「無免許運転」は運転者だけでなく同乗者も処罰される！絶対に「しない」「させない」

第6章

リスクを避けているだけではいけない！

大学生になると変わる立場と責任

翔太・美咲　大学3年進学時
3年生になったらゼミに入らないとね
どこに入るか考えてる？
ううんまだ
どうしようかって迷っているとこ

同じ興味を持った仲間と、やりたいことや知りたいこと、学びたいことを進めて行くのも面白そうね
うん、いいメンバーに会えるといいね
私はこの蓮本研究室に所属する大学院1年の村田大輝です
研究室見学に参加してくれてどうもありがとう
この研究室の特徴は……
Hello!
あれ
Hi! コンニチハ
君もこの研究室を希望しているの?
Yes! ダイイチコウホデス
そうか、僕も
でも、この研究室とっても忙しいみたいだよ
泊まり込みの実験もあるみたいだし

あれ
こんにちは
こんにちは
今ね、
今度から入るゼミ
どうしようかって
話、してたのよ
僕らも
研究室とか
どうしようかと
思って
今、研究室の
説明会に行って
彼と一緒に
なったんだ
えっと
Hello.Nice to
meet you･･･
ニホンゴ、
スコシシャベレルカラ、
ダイジョウブデスヨ
美咲さんと
Bさんだよ
あの・・
留学生活って、
大変じゃない？
お金も
かかるのよね、
きっと？

ハイ
デモ、ワタシ、ショウガクキンモラッテルカラダイジョウブ
タダシ、ソツギョウシタラカエサナイトイケナイケドネ
えっ
奨学金って返すものなの？もらえるもんだと思ってた
奨学金ってね 返さなくてもいいものもあるけど、多くは卒業後に返済するものなのよ
そっか 知り合いの先輩にも奨学金借りている人がいて
生活費やサークル活動にばんばん使ってるけど、大丈夫なのかな？
それって、Cさんのことじゃない？
そうそう、そんな名前だったかも
彼ね、大学卒業後、アルバイトしていた◆◆塾に就職が内定しているそうよ
じゃあ、もう返す計画も立ててるのかもね

◆◆塾は結構キツいことで有名で、ブラックバイトとか言われてたけど
結構、本人は教育業界に興味もあったみたいで、なんだかんだ言いながら、そこに就職が決まったみたいよ
そうなんだ
就活って大変だって聞くけど、そういう人もいるんだね
そういえば、翔太君はインターンって、申し込んだ？
ううん
まだ考えているんだけど、美咲さんはどうするの？
私ね、旅行や観光に興味があって、そういう方面かなって思ってるの
人と触れ合うのも結構好きなの
将来の就職も考えてるのよ
そっか
インターンも、もう就職活動の一つみたいなものだもんね

じゃあ、海外旅行なんかも、よく行くの？
行きたいところはたくさんあるけど、まだあんまりね
お金もかかるし
でも、海外に行っていろんな体験や地元の人たちと触れ合うのもすごく人生の幅を広げてくれるよね
考え方も変わるかも
ただ、心配も多いのよ
危険な目に遭わないか、トラブルに巻き込まれないかって
そうそう
いいことと危ないことって裏表《うらおもて》の関係にあること多いよね
じゃあ、僕、こっちだから
うん、またね
蓮本研究室
おはようございます
今日からこの研究室に入ることになった藤谷翔太です

よろしくお願いします
今日から研究室所属だ！
生活環境も変わるし、就活のこともあるけど
とにかく一歩一歩進んで行きたいな
株式会社奈良田観光
おはようございます
青春大学の太田美咲です
高島萌さんの後輩です
今日からインターンでお世話になります
パチパチ…
今日からインターンね
パチパチ…
萌先輩もいるし、いろいろと聞いてみよ
ゼミも充実させたいし、社会のこともいろいろと知りたいな
パチパチ…

42

近隣トラブル・迷惑行為
――〝たいしたことない〟つもりが大トラブルに

大学生は地域社会の一員でもあります。大学キャンパス周辺、下宿（自宅）、通学途中では、その自覚を持って行動することが求められます。

ところが、駅からキャンパスまでの通学途中では、道路幅いっぱいに広がって歩行したり、たばこやゴミをポイ捨てしたりと、マナーを無視した学生に対する苦情が、地域の住民から大学へ頻繁に寄せられるといいます。初年次教育として、生活のマナーや常識を講義する大学もあるほどです。

電車やバスの中での迷惑行為としては、「大勢で騒いでうるさい」「イヤホンからの音漏れがひどい」などがよく話題になります。最近では、注意を受けた学生が逆ギレし、ケンカや暴行に発展してしまうことも多いようです。

また、これは大学生に限りませんが、最近では歩きスマホが大きな問題になっています。

歩きながらスマホを操作していると、周囲への注意力が散漫になります。これは階段や駅のホームから転落したり、車両と接触したり、赤信号にもかかわらず道路を渡って事故に遭ったり、ひったくりなどの犯罪被害に遭ったりと、さまざまな事故・事件につながります。

歩きスマホで被害者になるのは自分自身だけではありません。ほかの歩行者や自転車の通行の妨げになるだけでなく、接触事故を起こして相手にケガを負わせるケースも多発しています。歩きスマホについて口論となり、それが傷害事件に発展する事例も少なくありません。

歩きスマホは、自分にとっても周囲にとっても、たいへん迷惑で危険な行為です。全世界的にマナー違反行為とされています。日本でも内閣サイバーセキュリティセンターから注意喚起がなされています。また、京都府のように「歩きスマホ等車両への注意力が散漫になる行為等により道路交通に危険を生じさせないよう努めること」を歩行者の責務として条例で規定しているところもあります。絶対にやめましょう。

大学生になって下宿住まいを始める人も多いと思いますが、ここでも注意が必要です。大学生活ではとくに、騒音、ゴミ出し、水漏れが注意すべき問題です。

ワンルームマンションやアパートなど集合住宅では、周囲の住人に配慮しつつ、騒音を出さずに生活をするのがマナーです。騒音の問題には、音量以外にも時間帯という要素もあります。学生は夜型の生活スタイルになっていることが多いものですが、一般の家庭はそうではありません。

騒音問題、ゴミの出し方の問題などがこじれて、住民同士、また住民と管理人との間で傷害事件に発展した事件が頻繁に報じられています。決められたルールを守ること、近隣に住んでいる人たちへの気遣いを忘れないことが、無用なトラブルを起こさない・巻き込まれない秘訣です。

水漏れについては、自分の家の中であっても、水場以外の範囲に拡大した場合や、マンションやアパートなどで下の階にまで被害を拡大させてしまったときには、大きな金銭的負担が発生します。全国大学生協共済連が契約団体となる学生賠償責任保険の保険金支払実績によると、2017年10月～2018年9月の1年間で、水漏れに関するものが約11%となっています。

お風呂のお湯の入れっぱなしなどには注意しましょう。また、寒い地方では、凍結による水道管の破裂や亀裂が原因となる場合もあります。凍結防止の方法を管理人や先輩に聞いて実践しましょう。全国大学生協共済連の学生賠償責任保険など、水漏れによる被害を補償する保険などに加入することを検討してもよいでしょう。

自分の周りの人たちに迷惑をかけない、危険な目に遭わせない。これをないがしろにすると、大きな代償として自分に返ってくることを肝に銘じましょう。

危険を防ぐポイント

1. 少しの不注意で、大きな迷惑や他者を巻き込んだ大きなトラブルになる場合があることを知っておこう
2. ほかの人の立場に立って物事を考える習慣を身につけよう

43

金銭トラブル
――お金がからむことで友情にもヒビが…

20歳になると成年です。2022年4月1日からはその年齢も18歳に引き下げられます。成年になれば、保護者の捺印などによる了解なしに旅行を申し込んだり、クレジットカードを作ったり、ローンを組んだりできます。

だからといって、クレジットカードの利用や、安易な分割払いの契約には気をつけましょう。学生専用の学生ローンも、決して利息が安いわけではありません。

クレジットカードの分割払い（リボルビング払い）などで簡単に買い物ができるからといって気軽に買ってしまうと、あとで返済に苦しむことになります。また、カードを何枚も持っていると、総額でいくら使ったのかがわからなくなり、結果として使い過ぎる傾向があります。自分で管理できる範囲内でカードを持ち、利用するようにしてください。

使い過ぎを防ぐうえでは、デビットカードの利用も有効でしょう。デビットカードはクレジットカードとは異なり、口座から即時引き落としされる仕組みですので、残高以上には使えないということになります。

友人と安易にお金の貸し借りをすることもトラブルの元です。仲がよかった友人と気まずくなってしまった事例はたくさんあります。避けるようにしましょう。

友人が借金する際に、保証人になるのは注意が必要です。友人に返済能力がないと認められると、保証人であるあなたに返済する義務が生じます。また、クレジットカードの貸し借りは禁じられています。

お金はリスクの源泉です。トラブルにならないようにするとともに、少しでもトラブルが生じたら早めに親や大学の相談窓口、消費生活センターなどに相談しましょう。

危険を防ぐポイント

1. 自分が支払える範囲内での計画的な借り入れを

2. 友人であっても、金銭の貸し借りはトラブルの元！

44

奨学金に潜むリスク
——将来返せなければ破産することも

大学生のおよそ2人に1人は奨学金の受給を受けています。受給の金額は大学生の平均収入の約20％を占めていて、アルバイトによる収入と同程度となっています（日本学生支援機構「平成28年度学生生活調査」結果より）。

奨学金には、返す必要がない給付型のものもありますが、大部分は貸与《たいよ》型です。貸与型の場合には、卒業後に返済しなければなりません。また、返済する際には利子が付くもの、付かないものがあります。

奨学金を受けるときには、こういったことをしっかり確認し、基本的にはお金を借りていること、借金であることを認識しましょう。借金は返さなければなりません。

ニュースで奨学金破産という言葉が報道されることがあります。大学を卒業してから、あるいは事情があって中退してから、奨学金の返済で家計が苦しくなったり、返済が滞ったり、ついには破産するようなケースが生じているのです。

実際、奨学金の延滞事例は決して少なくありません。延滞の理由としては、家計の収入が減った（少ない）から、家計の支出が増えたから、入院・事故・災害に遭ったから、などが多いようです。


奨学金の返済が遅延すると、いわゆるブラックリストに載ってしまう（個人信用情報機関に記録される）場合もあります。ブラックリストに載ると、その記録が消えるまで、クレジットカードが作れない、ローンを組めない、保証会社がついている賃貸アパートの契約ができないなど、いろいろ不自由が生じることになってしまいます。

また、給料・財産の差し押さえや提訴など法的措置を取られることもあります。親や知人に連帯保証人になってもらっていた場合、延滞していると、本人だけでなく連帯保証人になってくれた人にも請求が行われ、大きな負担をかけることになります。

奨学金を返すことができずに、自己破産に追い込まれることもあります。自己破産して本人が免責《めんせき》決定（借金を支払う法的義務がなくなること）を受けても、連帯保証人への取り立てがなくなることはありません。

奨学金を手にして収入があるからと安心して、節約することなく使い過ぎてしまったり、ついつい余分な買い物をしたりすることは危険です。お金の問題は甘く考えないで、将来のことも頭に入れてしっかり計画しましょう。

大学生活のあとには、もっともっと長い社会人としての生活が待っています。

危険を防ぐポイント

1. 奨学金の仕組みをしっかり理解して、利用しよう

2. 奨学金を受けることはお金を借りること、卒業後に返済しなければならないことを頭に入れて、将来のことを計画的に考えよう

45

ルールって何？
――「大学生だから」という甘えは通用しない

高校生から大学生になると、生活の自由度はぐんと大きくなります。どの科目を履修するか、どの研究室に所属するかは自分で決められますし、アルバイトをすることも自由です。クラブ・サークル活動、旅行、友人付き合いも同様です。しかし、それは好き勝手に物事を決めたり振る舞ったりしていいということではありません。社会のルールを守ったうえでの判断と行動が必要です。

社会のルールは、法律のようなフォーマルなものから、マナーのようなインフォーマルなものまでを含みます。「これくらいなら『若気の至り』ということで大目に見てもらえるだろう」との軽い気持ちで取った行動が、マナー違反の域を超えて違法行為となり、処罰の対象となることもあります。

ここ数年、有名大学といわれる学校の現役学生らによる卑劣な集団暴行事件が毎年のようにマスコミ報道をにぎわせています。これは明らかな犯罪であり、実刑を含む有罪判決を受け、大学から退学処分となっている場合がほとんどです。痴漢行為や盗撮などで大学生が逮捕される例もあとを絶ちません。

ほかにも、例えば、酔った勢いで駅前に止めてあった放置自転車を失敬して乗って帰るような話を聞きますが、これも立派な犯罪です。また、大騒ぎをして周りに迷惑をかけ、壁に落書きしたり、裸で走り回ったりすることも立派な犯罪です。

大学生活では、各種行事やコンパなどで飲酒する機会も多くなり、急性アルコール中毒による事故もよく耳にし、ときには命が失われることもあります。実際に、サークルの飲み会でイッキ飲みを繰り返して男子学生が死亡し、その学生の両親から「サークルではムチャな飲み方が常態化していた」「イッキ飲みをあおった」「体調不良の仲間を放置した」として、飲み会に同席していたサークルメンバーが訴えられたケースがありました。

民法の改正により、成年年齢の20歳から18歳への引き下げが、2022年4月1日から施行されます。ただし、飲酒や喫煙、また競馬などの公営競技に関する年齢制限は、健康面への影響や青少年保護の観点から、これまでと変わらず20歳です。

少年法の対象年齢を18歳未満に引き下げるべきかどうかは、いまも議論が続いていますす。少年法の目的は、20歳に満たない者を「少年」とし、罪を犯しても成年とは異なる処罰を与えて矯正《きょうせい》を期待するものとしています。成年であった場合は、個人としての責任が確立され、より重大な処罰が科せられます。

大学の中には、民法上の成年と未成年、そして少年法上の成年と少年とが混在することになりますが、いずれにせよ処罰規定のある法律に違反した場合には、処罰を受けることになります。

また、現在では47都道府県の全てで迷惑防止条例が定められています。禁じられている行為は、ダフ屋、痴漢、つきまとい、押し売り、暴力、盗撮、のぞきなどといったものです。条例に違反した場合、罰則が科せられます。

自分の力だけでなく、家族などの協力もあって、ようやく手にした大学生活です。軽はずみな行動で、せっかくの苦労を台無しにしてしまっては、悔やんでも悔やみ切れません。その後の人生に与える影響も計り知れないものとなります。

危険を防ぐポイント

1. ルール違反には処罰が下る。常識を失うことなく、ルールを守ろう
2. お酒の勢いや、周りに流されて、大学生活を台無しにしてしまう行動は慎もう

46

海外旅行・留学
――日本人の大学生はとくに狙われやすい！

多くの大学生が夏休みなどを利用して海外に行っています。大学生協のアンケート調査（学生生活実態調査、２０１７年）によると、大学入学後に、海外旅行や留学を経験したことがある学生は、１年生から４年生までの全体で26・２％となっています。１年生では９・６％ですが、４年生になると38・９％ですから、卒業するまでにほぼ４割は確実に海外に行くことになるようです。このほか海外留学をする学生もおり、海外体験は大学生にとって身近なものとなっています。

一方で、海外旅行先での大学生の痛ましい事件がニュースで流れることがあります。南米を旅行中に携帯電話などを奪われた男子大学生が、犯人を追いかけて取り返そうとしたところ、拳銃で撃たれて死亡するという事件がありました。また、ヨーロッパに留学中の女子大学生が行方不明になっているという事件も起きています。

大学生に限りませんが、海外旅行中にたまたま現地で知り合った人から荷物の運搬を頼まれて引き受けたところ、手荷物検査で麻薬が発見されるケースがあります。自分は身に覚えがなかったとしても、麻薬密輸の現行犯で逮捕され、その国の法律に照らして処罰される可能性もあります。

海外では殺人、強盗、盗難、傷害、詐欺などの犯罪被害のほかに、交通事故、レジャー事故、登山事故、水難事故、自然災害といった事故・災害に遭ったり、テロやデモに巻き込まれたりすることがあります。また、急病や感染症にかかったりすることもあります。

2018年には、海外に渡航する日本人が年間およそ1895万人となり、海外で暮らす日本人の数も約139万人と、年々増加しています。それに伴って、海外での事故、事件、災害、所在調査などのために在外公館に援護を求めるケースも増加傾向にあります。2017年の援護件数は約1・9万件、総援護人数は約2・1万人でした（外務省「海外邦人援護統計2018年」及び「海外在留邦人数調査統計2019年」）。

海外旅行に行く前には、外務省の「海外安全ホームページ」や各国の在日大使館・政府観光局のホームページなどで渡航先の情報を収集してください。外務省「たびレジ」（海外安全情報配信サービス）に登録すること、海外旅行保険に加入することもお勧めします。

また、日本大使館・総領事館、旅行代理店、航空会社、クレジット会社、保険会社などの連絡先のメモを作って携行してください。

海外では、次のことに注意しましょう。

●危険な場所には近づかない。夜間の外出は控える
●多額の現金や貴重品は持ち歩かない。派手な服装やアクセサリーは控える
●見知らぬ人を安易に信用しない。日本語で話しかけられても気を許さない
●買い物は信用のおける店を選ぶ。タクシーは信用できる施設で呼んでもらう
●ホテルの中でも安心しない。非常口は必ず確認する

もし海外でトラブルに巻き込まれたら、なるべく落ち着いて次の行動を。

●すみやかに警察に被害を届け出て、ケガをしていたら医療機関で治療を受ける
●海外旅行保険に加入していたら、保険会社に連絡する
●現地の日本大使館や総領事館に連絡する

パスポートなどを紛失したら、すぐに次のところへ連絡しましょう。

- パスポート……最寄りの日本大使館・総領事館
- 航空券……旅行代理店、航空会社
- クレジットカード……クレジット会社（至急、無効手続きを）

自分の力で解決できそうにない場合は、躊躇することなく最寄りの日本大使館・総領事館に早めに相談してください。

◎外務省「海外安全ホームページ」　http://www.anzen.mofa.go.jp/

◎政府広報オンライン「海外旅行の事前の安全対策とトラブルの際に在外公館がお手伝いできること」　http://www.gov-online.go.jp/useful/article/201108/1.html

危険を防ぐポイント

1. 旅行先の治安状況などを、インターネットなどで調べておこう
2. 日本にいるとき以上に慎重に行動しよう

47

就職活動

――厳しい就職戦線をくぐり抜ける心得とは

わが国では、大学卒業後には就職する人が圧倒的に多いようです。２０１８年3月に大学（学部）を卒業した人は約56・5万人。そのうち正規・非正規職員などで就職した人の割合は約77％となっています（文部科学省「学校基本調査 ２０１８年度」）。就職活動は、みなさんにとって大学生活を締めくくる非常に大きな位置付けにあるわけですね。

では、企業の担当者は、みなさんにどんな能力を期待しているのでしょうか。

経団連のアンケート調査（２０１８年度「新卒採用に関するアンケート調査結果の概要」）によると、選考にあたっての学業成績の重視状況について、「かなり重視した」「やや重視した」と回答した企業が67％以上に上ります。この数値は年々増加傾向にあります。

サークル活動に打ち込んだことが高評価を得ることもあるかもしれませんが、企業が求めるのは、大学で学業に励《はげ》むとともに、社会や経済、企業の勉強もそれなりにしていることです。勉強もせず、どのような仕事をやりたいのかもはっきりしていない学生を正社員として採用することは、企業にとってはリスクなのです。

同じく経団連のアンケート調査によると、企業が選考にあたってとくに重視した点は、16年連続で第1位が「コミュニケーション能力」、第2位は10年連続で「主体性」です。第3位、第4位は「チャレンジ精神」と「協調性」が数年ごとに入れ替わって入っています。受け身ではなく、自分の考えを持ち、それを述べ、相手の考えを聞き、それを理解し、職場や取引先の人と協働できる、そんな人材が求められているのです。


一方、学生側からは、自分にどんな仕事が向いているか、どんな企業が合っているか判断できないといった悩みをよく聞きます。実際のところ、これは就職して働いてみないとわからない部分もあります。それでも、『会社四季報』などさまざまな情報源にあたって企業のことを知ることができます。

また、インターンシップ制度を活用することも有効です。インターンシップとは、学生が正式に就職する前に企業で就業体験をすることです。期間は半日のものから、半年～1年とさまざまです。こういった制度を積極的に利用すれば、自分の適性や就職希望先を見極めることの助けになるでしょう。

ただし、就職活動に過度の時間やエネルギーを注がないよう気をつけてください。単位を落としたり、悪い成績しか取れなかったら、採用時に不利になって本末転倒です。

就職活動で気をつけることはほかにもあります。例えば、最近はブラックバイトとともに、いわゆる「ブラック企業」といった言葉が世間を騒がせています。そういった企業を選ばないためにも、しっかり情報収集をしましょう。

それから、社会人と学生をつなぐOB・OG訪問のためのマッチングアプリの利用は慎重に行ってください。実際にマッチングアプリを介してOB訪問に来た女子大学生に性的暴行を加えたという事件も発生しています。安易な利用や、一対一で夜遅い時間に事務所以外の場所で会うといったことは避けましょう。

就職活動に対して不安に感じることがあれば、一人で考え込まず、大学の就職相談窓口に足を運んでみることをお勧めします。企業の採用情報や面接のアドバイスなど細やかな対応が受けられることでしょう。

いまや人生100年時代です。就職活動は、長い人生における一つの通過点でしかありません。大学卒業後の就職は、最終ゴールではないのです。

一つの企業に生涯勤めるのではなく、転職を含めた柔軟なキャリアも考えられる時代です。たとえ最初は希望の企業や職種に就けなかったとしても、与えられたポジションでしっかり仕事に取り組み、さらには生涯学習などを通じてさまざまな知識や技能を習得していけば、自分の能力の可能性を広げていくことができます。そうできるかどうかは自分次第です。

危険を防ぐポイント

1. 就職したい企業では、どんな能力が求められているのかを調べておこう
2. 就活の進め方で困ったら、迷わず大学の就職窓口に相談しよう
3. いまは転職も考えられる時代。自分の目標を定め、そのための道筋は柔軟に考えよう

48

多様性を受け入れよう
——自分とは違う人への配慮ができる大人であるために

社会にはさまざまな人がいます。年齢、性、身体状態、国籍、人種、民族、宗教、価値観に至るまで、実に多様です。

このような多様性を受け入れることはとても重要です。他者を尊重し、受け入れることができる社会というのは、一人ひとりを大切にできる社会であるからです。また、自分とは異なる相手と交流し、互いに学ぶことで、新しい何かを生み出すことができるからです。

例えば、このところ日本国内でも外国人と接する機会が増えてきています。法務省によると、2019年6月末現在における在留外国人数は283万人で、過去最高となりました。このうち、高等教育機関と日本語教育機関への留学生はおよそ30万人となり、その数は年々増加しています（日本学生支援機構調査）。訪日観光客も増えています。日本政府観光局の発表によると、2018年の訪日外客数は、3119万人でした。

外国人には宗教上、食べてはいけない食材があったり、文化的に忌《い》み嫌うジェスチャーがあったりします。また、宗教観や人種問題、歴史認識については、日本人が考える以上にデリケートな問題が存在します。次のような行動は差し控えましょう。

- 差別となりかねない言動。人種差別や性的差別、民族差別、宗教差別など
- 宗教に関することを愚弄《ぐろう》したり、侮蔑《ぶべつ》したりすること
- 相手が拒否したり、不快に思ったりする自国文化を強要すること
- 国によって見解が異なる歴史認識を押しつけること
- 相手の文化を蔑視《べっし》したり、優劣や善悪の視点で捉えること
- 宗教上食べられない食べ物を知っていて提供したり、タブー視された言動を行うこと

相手の出身国や宗教について、本やインターネットで事前に調べたり、直接話を聞いてみましょう。また、逆にこちらからも日本の文化や風習について積極的に紹介して、相互に理解が深まるようにしましょう。

それから、大学に在籍する障害を持つ学生数は年々増加しています。とくに発達障害、病弱・虚弱、精神障害の学生が急増しています。日本学生支援機構が全国の大学、短期大

学および高等専門学校を対象に行った全数調査の結果、2018年5月1日現在において、障害がある学生の数は3万3812人（全学生数の1・05%）でした。

2014年2月にはわが国でも障害者権利条約が発効し、2016年4月には障害者差別解消法の合理的配慮規定等が施行されました。大学においても、いろいろな取り組みが進められています。

学生のみなさんも、身のまわりに障害者がいることを自然に捉え、お互いに成長し合えるようになりましょう。そのためには障害に対する知識と理解が必要です。最も基本的で大切なことは、相手の立場になって考え、感じることです。


性（セクシュアリティ）に関しても、やはり多様です。社会には一定の割合でLGBTの人がいます。LGBTとは、レズビアン（女性同性愛者）のL、ゲイ（男性同性愛者）のG、バイセクシャル（両性愛者）のB、トランスジェンダー（出生時に診断された性と自認する性の不一致）のTの頭文字を取って、性的少数者（セクシャルマイノリティ）を表す言葉です。

性は個人の尊厳に関わる重要な問題です。その人のセクシュアリティを否定することがないようにしましょう。周囲に性的指向・性自認に関する差別やハラスメントにつながるものはないか、ＬＧＢＴに対する社会的な認知と理解がさらに高まるにはどうすればよいのかを考えることも大切です。

みなさんは、いまは若くて健康かもしれません。また、日本に暮らしている限りはマジョリティでしょう。しかし、海外に行けばみなさんも外国人です。もしかしたら何らかの事故や病気で障害を持つことになるかもしれません。そして確実に歳を取ります。そうなったときにみなさんが当たり前に受け入れられ、尊重される社会だといいですね。そんな社会を、いまのうちに作りましょう。

危険を防ぐポイント

1. いろいろな人たちが周りに当たり前にいることを理解しよう
2. 自分と違う考えや習慣を忌避《きひ》したり、見下すような態度は取らない

49

リスクって何？
――将来をより良くするリスクとの上手な付き合い方

「リスクって怖い」「リスクを避けたい」「リスクをゼロにしたい」と思う人は多いものです。確かにリスクはなるべく小さいほうがいいですね。

しかし、残念ながらリスクをゼロにすることはできません。

生きていること自体に、もれなくリスクがついてくるのです。例えば交通事故のリスクをゼロにしようとしても、乗り物に乗ったり道路を歩いたりすることを一切しないで日常生活を送ることはできません。また、地震などの自然災害のリスクをゼロにしようとしても、日本に暮らしている限り（正確には世界のどこにいても）、災害は起こりえます。

また、ひたすらにリスクを避けていると、大きなチャンスやベネフィット（便益）を失うことがあります。例えば、海外旅行はリスクを伴いますが、さまざまな自然や文化に触れるなど、得るものもたくさんあります。インターネットの利用も同様ですね。ネット上にはリスクがある一方で、情報を得たり、人とつながったり、買い物をしたりと、大きなベネフィットがあります。ベネフィットとリスクとは光と影の関係なのです。

思い切ってリスクを取ることも必要です。

大切なことは、リスクと上手に付き合うことです。リスクとベネフィットとを併せて考えましょう。たとえ完全にゼロにはできないとしても、日頃の努力でリスクを小さくすることはできます。

それからもう一つ、これからを生きるみなさんにお願いしたいことは、みなさんの身の回りだけではなく、世界の、そして将来のリスクも小さくするということです。

ＳＤＧｓ《エスディージーズ》（Sustainable Development Goals＝持続可能な開発目標）という言葉をご存じでしょうか。これは２０１５年9月の国連サミットで採択された「持続可能な開発のための２０３０アジェンダ」で示された国際目標です。２０３０年にあるべき世界の姿というものを描き、その実現に向けて取り組みましょうというものです。

ＳＤＧｓは17の具体的なゴールから構成されています。例えば「飢餓を終わらせ、持続可能な農業を」「すべての人に質の高い教育を、生涯学習の機会を」「すべての人々に安全な水とトイレを」「気候変動に緊急的な対応を」「持続可能な経済成長と、働きがいのある人間らしい雇用を」といったものです。

このようなゴールが達成されないままでいると、世界は大きなリスクを抱えることになります。人は水を飲めず、飢え、教育を受けられず、劣悪な条件で働き、苦しむのです。

また、生物多様性は失われ、地球そのものの存続も危ぶまれます。

こういったリスクは決して発展途上国の人々だけの問題ではなく、ユニバーサル（普遍的）なものです。全世界の人がリスクを小さくするように取り組まねばなりません。

一人ひとりがフードロスを減らしたり、教育や労働に対する意識を高めて発言したりすることで、世界全体はあるべき姿に近づきます。それはひいては、みなさん自身の身のまわりのリスクを小さくすることにつながるのです。

広く中長期的な視野でリスクを捉えて行動することは、グローバルな時代に生きるみなさんに必要なリテラシーだといえるでしょう。

危険を防ぐポイント

1. 「ゼロリスクは不可能」「ベネフィットとリスクとは裏表の関係」ということを頭に入れて、上手にリスクと付き合おう
2. 大きな視野でリスクを捉え、自分の身のまわりだけでなく、世界の、将来のリスクを小さくしよう

50 リスクを自分で管理

——「自分ごと」の意識でリスクは減らせる

ここまで本書を読んだみなさんは、大学生活に潜むリスクについてずいぶん知識を得られました。でも、まだ安心してはいけません。最後の危険は、実はみなさんの中にあります。それは、「思い込み（リスク認知バイアス）」と「ひとごと意識（主体性の欠如）」です。

知識だけではリスクに対処することはできません。大切なことは、リスクについて知識を持つことに加えて、「これは危ないのではないか」とリスクに気づくこと、さらには実際に自らが対処の行動を起こすことです。

ここまでご紹介したさまざまな危険について、「なるほど、いろいろあるのだな」と頭でわかってても、「でも、自分には起こらない」と思い込んではいませんか？

例えば、ネット詐欺について聞いたことはあっても「自分は引っかからない、大丈夫」。食生活が乱れていても「自分は若いし大丈夫、病気になどならない」。さらには、地震が起きて津波警報が出ているのに「津波は来ないだろう、避難しなくても大丈夫」……。

このように「自分に限って」とか、「たいしたことにはならない、大丈夫」といった思い込みによってリスクをゆがめて見てしまうことを、リスク認知バイアスといいます。

このような思い込みは、誰でも持っています。リスク認知バイアスの存在をまず知っておきましょう。そのうえで、思い込みにとらわれることなく、自分の生活にはどのようなリスクがあるのかに気づくようにしましょう。

リスクは嫌なものです。考えたくもないかもしれません。しかし、生きている限りリスクと付き合わなくてはいけません。そうであるならば、積極的にリスクを考え、リスクを管理する主体性を持ちたいものです。

これまでみなさんのリスクは、保護者をはじめとする大人が先回りして気づき、どうすればよいかを考え、対処してきたことでしょう。しかし、みなさんはもう大人です。「誰かが対処してくれる」ではなく、「自分のリスクには自分で対処する」という主体性のある意識を持つことが必要です。

自分のいまと将来にどのようなリスクがあるか。それをどのような方法で小さくすればよいか。事が起きてから対症療法的に行うのではなく、日頃から事前に考えておくのです。

そして、うまく対処できたかどうかを見直します。うまくいかなかった場合には、どこがまずかったのか、次はどうすればうまくいくかを考えます。

主体的なリスク管理には、ほかの人と意見や情報を共有したり助け合ったりすることも大切です。日頃から、友人や保護者と、あるいは大切な人とリスクについて話し合えるといいですね。その会話の中から、自分では気がつかなかったリスクや対処方法を知ることができるかもしれません。また、大学の教職員とも、リスクについての相談や意見交換ができる関係を築いておくと心強いです。

それから、「よし、リスクを小さくしてやろう！」と張り切るあまり、それにばかりエネルギーをかけすぎると、結局は長続きしませんし、気が向いたときだけの対処でもいけません。リスク管理には継続性も重要です。人生が卒業後もずっと続くように、リスク管理も、大学生活の間だけではなく、この先の長い人生においてずっと続いていくのです。

危険を防ぐポイント

1. 「自分には起こらない」という思い込みが最大のリスクであることを知っておこう

2. 「自分のリスクには自分で対処する」という「自分ごと」の意識を持とう

巻末付録

大学生協の最新データより

データ1　大学生に多い体とこころの病気・ケガは？

大学生協の『学生総合共済』は、1981年に始まった「学生どうしのたすけあい制度」です。学生生活24時間365日の「もしも」に備え、すべての学生の学業継続を生活面からサポートすることを目的としています。具体的には、加入学生の病気やケガ、父母・扶養者の万が一の場合などに、加入者が出し合った掛け金から共済金を贈り、「もしも」に遭ってしまった学生の精神的・経済的なサポートを行う制度です。

併せて、「もしも」に遭わないための予防活動も行っています。全国211大学生協、約71・9万人の学生が加入（2019年9月末時点）している『学生総合共済』（生命共済）は、2018年4月1日〜2019年3月31日までの1年間に、4万4650件の共済金を給付しています。この給付状況から、学生生活24時間365日に潜むさまざまなリスクが見えてきます。

件数で最も多いのは、事故通院の1万7023件でした。背景には、大学生になって行動範囲が広がったことがあります。また、入院・手術の共済金支払いに関しては、病気入院9859件・病気手術5085件に対して、事故入院3314件・事故手術2732件と圧倒的に病気によるものが多くなっています。

病気やケガは、治療費以外にも通院のための交通費やアルバイトの収入減など、学業継続を妨げる経済的負担を伴います。『学生総合共済』は、治療費以外の費用も見込んだ定額での保障です。２０１９年からは「こころの早期対応保障」や「ストーカー被害見舞金」も新設されて、現役の大学生のリスクに見合う制度に発展しています。

また、学生の保護者（父母・扶養者）の死亡も見逃すことができません。『学生総合共済』のデータによれば、父母・扶養者の死亡特約（原因を問わない）の支払いは１２２５件、扶養者の事故による死亡は29件です。いかなる原因であれ、在学中に保護者を亡くした学生のその後の学業継続を精神的・経済的に支えることには、大きな意義があります。

『学生総合共済』に関する問い合わせ先

各大学生協、または全国大学生協共済生活協同組合連合会

(https://kyosai.univcoop.or.jp/)

データ2 大学生に多い損害賠償責任を負う事故は？

大学生協共済連が契約団体となる『学生賠償責任保険（一人暮らし特約あり・なし）』は、正課の講義・行事・実習中、インターンシップ中、アルバイト中、ボランティア活動中など学生生活24時間365日のさまざまな賠償や一人暮らしに備える保険です。

全国211大学生協、約75・9万人の学生が加入（2019年3月末時点）している『学生賠償責任保険』は、2018年4月1日〜2019年3月31日までの1年間に、1982件の保険金を支払っています。この支払い状況から、学生生活24時間365日に潜むさまざまな損害賠償リスクが見えてきます。

保険金支払い件数の内訳は、自転車運転に起因する賠償事故が1097件と圧倒的に多い実態があります。通学や学内移動に多くの学生が自転車を利用していることが背景にあります。多くの地方自治体でいわゆる「自転車条例」が施行されていることなどからも、自転車運転に起因して「加害者になってしまうリスクに備える責任」は、たとえ学生であっても極めて重大です。「もしも」加害者になってしまうと経済的にはもちろん、精神的にも大きな負担となります。『学生賠償責任保険』などの自転車事故に備える保険には、必ず加入しておきたいものです。

次に多い原因は、下宿先などでの「水漏れ事故」の242件です。洗濯機などの給排水設備からのうっかり事故のほか、寒冷地などでの「水道管凍結・破裂」に起因する事故も数多く含まれています。慣れない土地での「水抜き」といった不慣な習慣に対応できないリスクにも備える必要があります。最悪の場合は、大家さん（借家人）・階下の人の両方から法律上の損害賠償責任を問われるケースも想定しておく必要があります。

さらには、正課の授業・研究・実習中の事故も56件発生しています。こうした実態も踏まえて、体育の授業などの正課の講義、学園祭などの行事、高額な器具や薬品を使っての実験室での実験・医療関連実習中の針刺し・ウイルス感染事故、就活に伴うインターンシップ中、災害時などのボランティア活動中に起こしてしまうかもしれない〝学生特有〟の賠償リスクにもしっかり備えておく必要があります。

『学生賠償責任保険』に関する問い合わせ先

各大学生協、または株式会社大学生協保険サービス

（https://hoken.univcoop.or.jp/）

データ3　大学生に多い緊急なトラブル・アクシデントは？

『学生生活110番』は、大学生のみなさんのさまざまな悩み・相談・トラブルに対して、「生活相談電話サポート（紛失・盗難・病院案内・就労などのさまざまな悩みを相談できるサポート）」＋「トラブル出動サポート（水回り・カギ・ガラス・自転車・自動車・バイクなどに起因するさまざまなトラブル発生時に出動するサポート）」で構成される大学生協のシステムです。全国208大学生協、28万人以上の学生が加入（2019年9月末時点）している『学生生活110番』は、2018年4月1日〜2019年3月31日までの1年間に「生活相談電話サポート」6699件、「トラブル出動サービス」1万6405件（合計2万3104件）の利用がありました。この利用状況から、学生生活24時間365日に潜むさまざまなリスクが見えてきます。

まず、シーズン的に、入学したばかりの新入生からは、3月・4月に一番多く相談が寄せられます。慣れない環境（引っ越ししたばかり・知らない場所への通学・新しい人間関係など）にまだなじめていない入学直後が一番のピークとなります。それが過ぎると夏休みまではしばらく落ち着き、9月の新学期から再び相談が多くなります。慣れ始めた環境で気が緩んだり、初めての帰省などでトラブルが多くなるようです。２年生からは、人間関係についての悩み、アルバイト関連、就職についての相談が増加してきます。クラブ活動・サークルでの人間関係、アルバイト先の就労関連、就職活動での悩みが如実に多くなってきます。それぞれの学年で遭遇する状況に応じて、トラブル・相談内容が変わってくるわけです。

トラブル内容での内訳では、大学生の移動ツールである自転車のトラブルが一番多く、年間６９１９件をサポートしています。町の自転車屋さんが減少し、販売のみで修理対応しない量販店が増加していることもあり、年々ニーズは拡大しています。自転車トラブル内容ではパンクが最上位を占めており、そもそも空気の入れ方を知らない大学生が多く、適切な空気圧であれば未然に防げるトラブルがほとんどです。『学生生活１１０番』では、大学生協と協力して自転車点検会を開催し、防げるパンク・ブレーキ調整・チェーン注油など、トラブル予防提案活動を行っています。

自転車の次に多いのは、水回りのトラブルです。内容は水漏れ・詰まりが多くを占めます。水漏れについては設備経年劣化が主な原因ですが、詰まりに関しては清掃不備、流しては駄目なものを流してしまうなど、本人が起因となるトラブルが多いのが特徴です。サポートに伺い、清掃して詰まり除去をするだけでなく、清掃の仕方も覚えてもらっています。北海道・東北などの寒冷地特有のトラブルとして、水道管凍結トラブルも、1月・2月に多発します。下宿先での水抜きのし忘れで起こるトラブルであり、こちらも気をつければ回避できるトラブルです。

ただ、水道凍結の危険性について、春の引っ越し時に説明を受けるものの、6か月以上先の予防行為は忘れてしまうのも理解できます。そこで『学生生活110番』では会員証アプリを使い、水道凍結注意アラートメッセージをタイムリーに送り、注意喚起を行っています。

ほかにも、ガラス割れ、自動車・バイクのロードサービスなど、大学生がトラブルに遭った際に24時間サポートを実施しています。このような大学生特有の相談・悩み・トラブルを『学生生活110番』では、24時間365日コールセンターで対応し、安心・安全な学生生活を入学から卒業までサポートしています。

『学生生活110番』に関する問い合わせ先

各大学生協、またはジャパンベストレスキューシステム株式会社（https://www.jbr.co.jp/）

●学生生活110番の実績（2018年4月～2019年3月）

生活相談電話サポート		6699件
	病院案内	792件
	盗難・紛失	460件
	そのほか相談・案内	5447件
トラブル出動サポート		16405件
	自転車のサポート	6919件
	水回りのサポート	5172件
	カギのサポート	3431件
	バイクのサポート	467件
	自動車のサポート	270件
	ガラスのサポート	146件

「学生生活110番」ホームページより
（http://www.univcoop.or.jp/gakusei110/）

著者紹介

株式会社三菱総合研究所

1970年、三菱創業100周年記念事業として、三菱グループ27社の出資で設立されたシンクタンク。約760名の研究員を擁し、経済・企業経営から政策・公共・科学技術分野にいたる広い領域で、シンクタンク・コンサルティング・ICTソリューションを提供している。

全国大学生活協同組合連合会

全国に214ある大学生協が加入し、学生や教職員の生活の向上を図る連合会。特に学生が安心して大学で学び、生活が送れるよう、様々なサポートを行う。

全国大学生協共済生活協同組合連合会

大学生が病気や事故に遭わないための取り組みも積極的に推進している『学生総合共済（学生どうしのたすけあい制度）』の元受団体。

スーパーバイザー

奈良由美子

放送大学教授。専攻はリスクマネジメント学、リスクコミュニケーション論。1996年奈良女子大学大学院人間文化研究科修了。㈱住友銀行、大阪教育大学助教授等を経て現職。博士（学術）。

青春新書 PLAYBOOKS

人生を自由自在に活動《プレイ》する

人生の活動源として

いま要求される新しい気運は、最も現実的な生々しい時代に吐息する大衆の活力と活動源である。

文明はすべてを合理化し、自主的精神はますます衰退に瀕し、自由は奪われようとしている今日、プレイブックスに課せられた役割と必要は広く新鮮な願いとなろう。

いわゆる知識人にもとめる書物は数多く窺うまでもない。

本刊行は、在来の観念類型を打破し、謂わば現代生活の機能に即する潤滑油として、逞しい生命を吹込もうとするものである。

われわれの現状は、埃りと騒音に紛れ、雑踏に苛まれ、あくせく追われる仕事に、日々の不安は健全な精神生活を妨げる圧迫感となり、まさに現実はストレス症状を呈している。

プレイブックスは、それらすべてのうっ積を吹きとばし、自由闊達な活動力を培養し、勇気と自信を生みだす最も楽しいシリーズたらんことを、われわれは鋭意貫かんとするものである。

―創始者のことば― 小澤和一

著者紹介

株式会社三菱総合研究所

1970年、三菱創業100周年記念事業として、三菱グループ27社の出資で設立されたシンクタンク。約760名の研究員を擁し、経済・企業経営から政策・公共・科学技術分野にいたる広い領域で、シンクタンク・コンサルティング・ICTソリューションを提供している。

全国大学生活協同組合連合会

全国に214ある大学生協が加入し、学生や教職員の生活の向上を図る連合会。特に学生が安心して大学で学び、生活が送れるよう、様々なサポートを行う。

全国大学生協共済生活協同組合連合会

大学生が病気や事故に遭わないための取り組みも積極的に推進している『学生総合共済(学生どうしのたすけあい制度)』の元受団体。

すぐに役立《やくだ》つ最新対応版《さいしんたいおうばん》
大学生《だいがくせい》が狙《ねら》われる50の危険《きけん》

青春新書 PLAYBOOKS

2020年 2 月15日　第 1 刷

著　者　株式会社三菱総合研究所《かぶしきがいしゃみつびしそうごうけんきゅうじょ》
全国大学生活協同組合連合会《ぜんこくだいがくせいかつきょうどうくみあいれんごうかい》
全国大学生協共済生活協同組合連合会《ぜんこくだいがくせいきょうきょうさいせいかつきょうどうくみあいれんごうかい》

発行者　小 澤 源 太 郎

責任編集　株式会社プライム涌光

電話　編集部　03(3203)2850

発行所　東京都新宿区若松町12番1号 〒162-0056　株式会社青春出版社

電話　営業部　03(3207)1916　振替番号　00190-7-98602

印刷・図書印刷　製本・フォーネット社

ISBN978-4-413-21159-8